AF356578

ARRÊT

DE LA COUR DE PARLEMENT,

A DIJON,

Qui condame la mémoire de THOMAS ARTHUR DE LALLY ; supprime ses anciens Mémoires, comme contenants des faits faux & calomnieux ; ordonne qu'un Écrit imprimé, signifié pour sa défense par le Curateur à sa mémoire, à M. le Procureur-Général, sera lacéré & brûlé par l'Exécuteur de la Haute Justice ; & que d'autres seront supprimés comme faux & calomnieux en ce qui touche la mémoire de GEORGES DU VAL DE LEYRIT, &c.

LOUIS, PAR LA GRACE DE DIEU, ROI DE FRANCE ET DE NAVARRE. A tous ceux qui ces présentes Lettres, en forme d'Arrêt, verront, SALUT : Sçavoir, faisons, que vu par notre Cour de Parlement de Dijon, la Grand'Chambre assemblée, l'Arrêt de notre Conseil d'Etat, du 31 Juillet 1780, rendu sur les requêtes de notre amé Trophime-Gerard de Lally-Tolendal, Capitaine de Cavalerie dans le Régiment des Cuirassiers, Curateur à la mémoire de notre bien amé Thomas Arthur de Lally, Seigneur de Tolendal, Lieutenant-Général de nos Armées, Grand'Croix de notre Ordre Militaire de Saint Louis, ci-devant Colonel d'un Régiment Irlandois de son nom, notre Commissaire & Commandant en Chef dans l'Inde ; de notre amé Luc Allen de Saint-Volston, Lieutenant Colonel d'Infanterie, ci-devant Major du Régiment de Lally, & Major-Général de l'Armée de l'Inde ; notre amé Jacques de Poully, ci-devant Grand-Prévôt de la même Armée ; par lequel, nous en notre Conseil, ayant égard auxdites requêtes, avons cassé & cassons les Arrêts de notre Parlement de Rouen, des 11 Août 1779, 8, 10 & 15 Mars, 19 & 24 Avril, & 12 Mai 1780, & toute la procédure relative à l'intervention de notre bien amé d'Epremesnil, & à la demande en reprise d'instance de la Dame d'Aché ; comme aussi la procédure qui auroit été faite dans ledit procès criminel, depuis l'Arrêt du 15 Mars 1780 : ce faisant, avons évoqué, & évoquons à nous & à notre Conseil ledit procès criminel, & l'avons renvoyé & renvoyons au Parlement de Dijon, circonstances & dépendances, pour, à la poursuite de notre Procureur-Général en notredit Parlement de Dijon, être procédé en la forme portée par l'Ordonnance, à l'instruction & Jugement dudit Procès, ainsi qu'il appartiendra ; à l'effet de quoi les charges, informations & procédures dudit procès seront renvoyées au Greffe de notredit Parlement de Dijon, à quoi faire le Greffier de notre Parlement de Rouen contraint par corps ; quoi faisant, déchargé. Ordonnons que lesdits sieurs Allen, de Pouilly, & autres accusés en état de prise de corps, seront tenus de se remettre dans les prisons du Parlement de Dijon, nous leur accordant les chemins pour prison. Sur la demande en nullité des Arrêts rendus sur le fond dudit procès criminel, dans lesquelles notre bien amé Coltot, Conseiller en notre Parlement de Rouen, a été Juge, ainsi que des procédures faites depuis le 22 Décembre 1778, avons mis & mettons les Parties hors de Cour, sauf à y être pourvu ainsi qu'il appartiendra par notredit Parlement de Dijon Donnons acte audit sieur de Lally-Tolendal, & autres Parties, des réserves portées dans leurs requêtes ; ordonnons qu'il sera passé outre à l'instruction & Jugement dudit procès criminel, nonobstant toutes oppositions à notre présent Arrêt. Ordonnons que l'amende sera restituée aux Demandeurs, à quoi faire le Receveur sera contraint, quoi faisant, déchargé. Les Lettres d'attache du même jour 31 Juillet 1780, à la suite duquel Arrêt & le procès-verbal de Farmin, Huissier en la grande Chancelerie de France, le 10 Mai 1781, de la remise qui lui a été faite desdites procédures criminelles par Boly, Greffier du Parlement de Rouen, pour les remettre au Greffe du Parlement de Dijon ;

A

les Lettres patentes du Roi données à Verfailles, le 9 Août 1781, figné Louis, plus bas par le Roi Amelot, & fcellées du grand fceau de cire jaune, par lefquels Sa Majefté a dit, ftatué & ordonné que ladite procédure feroit retenue en la Cour du Parlement de Dijon, pour être procédé, à la forme portée par l'Ordonnance & conformément à l'Arrêt de notre Confeil du 31 Juillet 1780, à l'inftruction & Jugement dudit Procès, circonftances & dépendances, jufqu'à Jugement définitif inclufivement ; mandant Sa Majefté, que ladite Cour ait à enregiftrer lefdites Patentes, & le contenu en icelles garder, obferver & faire exécuter felon leur forme & teneur. L'extrait de l'Arrêt rendu en notre Parlement de Dijon, le 14 Août 1781, par lequel il a été ordonné que l'Arrêt du Confeil & les Lettres Patentes fur icelui feroient enregiftrés au Greffe de la Cour, pour être exécutés felon leur forme & teneur ; en ce qui concerne la rétention, l'inftruction & le Jugement dudit procès criminel, circonftances & dépendances, auquel effet ladite procédure criminelle demeureroit retenue à la Cour, pour y être continuée jufqu'à Arrêt définitif inclufivement, à la requête & diligence du Procureur-Général du Roi. Les procédures criminelles commencées par le Prévot de Paris, ou fon Lieutenant-Criminel au Châtelet, à la requête du Subftitut de notre Procureur-Général, en vertu de l'Arrêt de la Cour du 6 Juillet 1763, continuées, faites & parfaites en la Cour, en vertu de Lettres-Patentes du Roi des 12 Janvier & premier Avril 1764, regiftrées en la Cour les 19 Janvier & 7 Avril de ladite année, à la requête de notre Procureur-Général, demandeur & accufateur, contre Thomas Arthur de Lally, Lieutenant-Général de nos armées, Grand'Croix de notre Ordre militaire de Saint-Louis, ci-devant Colonel d'un Régiment Irlandois de fon nom, notre Commiffaire & Commandant en chef dans l'Inde ; Armand-Antonin-François Fretard de Gadeville, ci-devant Maréchal des Logis de l'armée du Roi dans l'Inde ; Jacques-Huges de Chaponay, ci-devant Capitaine au Régiment de Lally ; Jacques de Poully, ci-devant Prévôt de l'armée dans l'Inde ; Guillaume Meagher, Médecin, ci-devant Chirurgien de l'armée dudit Lally dans l'Inde ; Jean-Ferdinand Rochette, ci-devant Secrétaire dudit de Lally ; Charles Folliet, ci-devant Valet-de-chambre-Perruquier dudit de Lally ; Jean Defchaux, Cuifinier ; Jofeph-François Deferre, Lieutenant au Régiment de l'Inde ; d'Anne-Antoine d'Aché, Lieutenant-Général de nos armées navales, Commandeur de notre Ordre Militaire de Saint-Louis ; Jean-Georges de Fumel, Auguftin-Antoine Derad de Chamboy, Charles-François de Bazin, l'Abbé Neronha, le frere Freinch, Jacques-Philippe Hurpy, Jofeph-Louis-Denys Jacquelot, le nommé Ramalingha, & deux quidams Lieutenans au Régiment de Lorraine, tous accufés. Notamment le réquifitoire de notre Procureur Général au Parlement de Paris, du 6 Juillet 1763, tendant à ce qu'il plût à la Cour lui donner acte de fa plainte des faits y mentionnés, circonftances & dépendances, & renvoye icelle pardevant le Lieutenant-Criminel du Châtelet, pour être le Procès inftruit, fait & parfait audit de Lally, fes complices & adhérens, par ledit Lieutenant-Criminel, jufqu'à Sentence définitive inclufivement, fauf l'appel à la Cour, à l'effet de quoi toutes piéces dépofées au Greffe de la Cour, pouvant fervir de mémoires aux piéces de comparaifon, feroient portées au Greffe du Châtelet, permettre audit Juge pour l'inftruction dudit Procès, de fe tranfporter par-tout où befoin feroit, même hors de l'étendue de fon reffort, & d'adreffer telles commiffions rogatoires, & à tels Juges qu'il appartiendroit. L'arrêt de la Cour dudit jour 6 Juillet 1763, qui fait droit fur lefdites conclufions & demandes. La requête préfentée par le Subftitut du Procureur-Général du Roi au Châtelet de Paris, tendante entr'autres chofes, à ce qu'en exécution dudit Arrêt, il fût informé des faits mentionnés en icelui, & au requifitoire dudit Procureur-Général, fur lequel ledit réquifitoire avoit été rendu ; l'Ordonnance dudit Lieutenant-Criminel du Châtelet, du 20 Juillet 1763, portant permiffion de faire informer defdits faits ; l'information faite en conféquence par ledit Lieutenant-Criminel, le 1 Août fuivant & jours fuivans, compofée de 6 témoins. Les Lettres-Patentes du 12 Janvier 1764, par lefquelles la connoiffance de tous les délits commis dans les Indes orientales, relativement à l'adminiftration & au commerce de la Compagnie des Indes, foit avant, foit depuis l'envoi des Troupes fous la conduite dudit fieur de Lally, auroit été renvoyée en la Cour, la Grand'Chambre affemblée, pour lefdits délits y être inftruits, & le Procès y être fait & parfait aux auteurs d'iceux, leurs complices & adhérens, fuivant la rigueur des Ordonnances, ayant Sa Majefté, par lefdites Let-

tres, & en tant que de befoin, validé les plaintes & procédures qui pourroient avoir
été commencées a l'occafion defdits délits, en quelques Tribunaux que ce foit, &
icelles renvoyées à la Cour, la Grand'Chambre affemblée; en conféquence ordonné
que lefdites plaintes & procédures, enfemble tous les mémoires, regiftres & autres
piéces fervant à conviction, feroient portées au Greffe criminel de la Cour, & néanmoins que pour établir encore davantage la fûreté des prifonniers, & le fecret qu'exige
une inftruction de cette importance, les prifonniers qui étoient alors retenus au château de la Baftille, & ceux qui pourroient dans la fuite y être conduits, pour raifon
de ladite inftruction, continueroient d'y être détenus, fauf à les transférer dans la
Conciergerie du Palais toutes les fois qu'il feroit néceffaire, pour l'inftruction & Jugement du Procès, le tout fuivant qu'il avoit déjà été pratiqué en de femblables
occafions; lefdites Lettres fignées Louis, & plus bas, par le Roi, Bertin, fcellées du
grand fceau en cire jaune, & enregiftrées en la Cour le 19 Janvier 1764. L'extrait de
l'Arrêt d'enregiftrement defdites Lettres-Patentes, rendu à la Cour ledit jour 19 Janvier, à la fuite duquel eft la fignification qui en a été faite au Greffier criminel du
Châtelet, avec fommation à ce dernier d'envoyer au Greffe criminel de la Cour les
procédures & autres piéces mentionnées auxdites Lettres & Arrêts, fous les peines y
portées, le tout par exploit de Griveau, Huiffier, du 31 Janvier 1764. Autres Lettres
Patentes du premier Avril fuivant, fignées Louis, & plus bas, par le Roi, Bertin,
fcellées du grand fceau de cire jaune, regiftrées en la Cour le 7 dudit mois, par
lefquelles Sa Majefté auroit ordonné que les précédentes Lettres-Patentes du 12 Janvier 1764, feroient exécutées felon leur forme & teneur, & que le Procès commencé
par le Lieutenant-Criminel du Châtelet, pour raifon des faits énoncés auxdites Lettres,
feroit continué, inftruit, fait, parfait, & jugé, tant contre ledit de Lally, que contre
fes complices, fauteurs & adhérens, & fuivant les derniers erremens par la Cour, la
Grand'Chambre affemblée, à la requête du Procureur-Général du Roi, validant en tant
que de befoin toutes les procédures commencées au Châtelet, en exécution de l'Arrêt
du 6 Juillet 1763, à la charge par ladite Grand'Chambre affemblée, de ftatuer fur
lefdites procédures en la forme portée par les Ordonnances. Le réquifitoire du Procureur-
Général du Roi audit Parlement de Paris, du 9 Avril 1764, contenant plainte des faits
y énoncés, & à ce qu'il leur fût permis d'en faire informer pardevant tel Confeiller
qu'il plairoit à la Cour nommer, pour l'information faite & à lui communiquée, être par
lui pris telles conclufions que de raifon. L'Arrêt rendu en conféquence le 9 Avril 1764,
par lequel il auroit été donné acte au Procureur-Général du Roi de la plainte par lui
rendue des faits contenus en fondit réquifitoire, & lui auroit été permis d'en informer
pardevant Me Denis-Louis Pafquier, Confeiller, pour ladite information faite, communiquée au Procureur-Général du Roi & vue par la Cour, être ordonné ce que de
raifon. Autre Arrêt du même jour 9 Avril 1764, par lequel il auroit été ordonné que
lefdits de Lally, de Gadeville, Poully, de Chaponay, Allen, le frere Freinch, Meagher,
Ramalinga, Deferre, & deux quidams Lieutenans au Régiment de Lorraine, feroient
pris & appréhendés au corps, pour être conduits prifonniers fuivant & aux termes
des Lettres-Patentes du 12 Janvier 1764, enregiftrées à la Cour le 19 dudit mois, que
les nommés de Bazin & de Chamboy, Aides des Camps dudit Lally, feroient ajournés
à comparoir en perfonnes, & le Vicomte de Fumel, ci-devant Aide-Major Général en
chef des Troupes du Roi & de la Compagnie des Indes, feroient affignés pour être
ouis & interrogés pardevant ledit Me Pafquier, fur les faits réfultants des charges &
informations, & autres fur lefquels le Procureur-Général du Roi voudroit les faire
entendre, & où lefdits de Lally, Poully, Chaponay, Gadeville, Allen, le frère
Freinh, Meagher, Ramalinga & les deux quidams Lieutenans au Régiment de Lorraine,
ne pourroient être pris & appréhendés au corps, après perquifitions faites de leurs
perfonnes, feroient affignés à quinzaine, leurs biens faifis & anotés, & à iceux Com-
miffaires établis jufqu'à ce qu'ils aient obéi, fuivant l'ordonnance pour les interrogatoires faits, communiqués au Procureur-Général du Roi & vus par la Cour, être ordonné ce que de raifon. L'information faite pardevant Me Pafquier le 30 Avril
1774, & jours fuivans, compofée de quatre témoins. Autre Arrêt dudit jour
9 Avril 1764, par lequel il auroit été permis audit Me Pafquier de fe tranfporter en
la maifon dudit fieur de Leyrit, ci-devant Gouverneur de Pondichéry, à l'effet de

l'entendre en déposition , &, si besoin étoit , d'être récolé sur ladite déposition , pardevant Me Pierre-Jacques de Bretignière , aussi Conseiller en la Cour. Autre Arrêt du 14 Mai 1764 , rendu sur la Requête du Procureur-Général du Roi , par lequel il auroit été ordonné , que pardevant le Conseiller-Rapporteur , qui a cet effet se transporteroit par-tout où besoin seroit , & en présence de l'un des Substituts du Procureur-Général du Roi , & encore en celle de chacun des accusés séparément , les scellés ou cachets apposés sur les coffres , caisses , armoires , valises , secrétaires , cassettes , cartons , malles ou porte-feuilles desdits accusés décrétés de prise de corps , ou ceux qui par la suite pourroient etre décrétés également , seroient reconnus par ceux qui les avoient ou auroient apposés à la premiere sommation qui leur en seroit faite ; & à faute de ce faire , que lesdits scellés ou cachets seroient levés & brisés par ledit Conseiller-Rapporteur ; & ouverture faite desdits coffres , caisses , armoires , valises , secrétaires , cassettes , cartons , malles ou porte-feuilles , par le premier Serrurier & autres personnes sur ce requis , & iceux retirés ; que pardevant ledit Conseiller , & en présence de l'un des Substituts du Procureur-Général du Roi , & de l'accusé , procès-verbal & inventaire-sommaire seroient dressés des piéces , papiers ou effets , qui se trouvoient sous lesdits scellés , & lesdites piéces , papier ou effets , à fur & mesure dudit procès-verbal & à chaque vacation d'icelui , remis avec les autres piéces , papiers ou effets non encore inventoriés , dans les coffres , caisses , armoires & autres qu'il appartiendroit , qui seroient ficelés & cachetés à chaque vacation du cachet dudit Conseiller , & à la derniere vacation lesdites piéces , papiers & effets , remis entre les mains du Greffier de la Cour , pour des piéces qui pourroient servir de conviction , être fait des liasses , lesquelles cotées & paraphées , seroient remises audit Greffier pour servir à l'instruction du Procès , ce que de raison , & le surplus être remis à qui il appartiendra. Les procès-verbaux faits par ledit Conseiller-Rapporteur , en exécution dudit Arrêt , les 22 Mai , 1er & 25 Juin 1764 , de la levée , ordonnée par ledit Arrêt , des scellés apposés sur les effets desdits accusés. Autre Arrêt du 12 Mai 1764 , rendu sur la Requête du Procureur-Général du Roi , par lequel ledit Conseiller-Rapporteur , ensemble le Conseiller commis pour faire les récollemens & confrontations , ont été autorisés à se transporter au Château de la Bastille , en l'une des Chambres du Gouvernement , à l'effet d'y faire subir interrogatoires aux accusés qui y étoient détenus , & de procéder aux autres instructions qui paroîtroient nécessaires , en exécution de l'Arrêt de la Cour du 9 Avril 1764 , & de tous autres Arrêts qui pourroient intervenir dans le cours de l'istruction dudit Procès. Les interrogatoires subis en exécution dudit Arrêt , par lesdits Lally , Deferre , Meagher , de Poully , Allen , de Fumel , Chaponnay , de Gadeville , Bazin & Chamboy , les 22 , 24 & 30 Mai 1764 , 1er & 5 Juin audit an. Les piéces représentées lors desdits interrogatoires , celles trouvées sous les scellés du sieur de Leyrit , celles déposées au Greffe criminel de la Cour par le Secrétaire-Général de la Compagnie des Indes , celles déposées par le Procureur-Général du Roi , & celles trouvées sous les scellés desdits accusés. Le requisitoire du Procureur-Général du Roi du 6 Juin 1764 , contenant plainte par addition des faits contenus audit requisitoire , circonstances & dépendances , à ce qu'il lui fût permis d'en faire informer pardevant le Conseiller-Rapporteur ; pour ladite information faite & communiquée audit Procureur-Général , être par lui pris telles conclusions , que de raison. L'Arrêt dudit jour 6 Juin 1764 , par lequel il auroit été donné acte au Procureur-Général du Roi de sa plainte , & lui auroit été permis de faire informer par addition , des faits contenus audit requisitoire , circonstances & dépendances , dans laquelle information pourroient être entendus les témoins qui l'avoient déjà été dans les informations faites tant au Châtelet qu'en la Cour ; pour ladite information communiquée au Procureur-Général du Roi , & vue par la Cour , être ordonné ce que de raison. La continuation d'information faite en exécution dudit Arrêt , pardevant ledit Conseiller-Rapporteur , le 26 Juin 1764 , & jours suivans ; ladite continuation d'information composée de trente-six témoins. Autre Arrêt dudit jour 6 Juin , dit an , par lequel il auroit été ordonné que les accusés seroient de nouveau interrogés , & que l'Abbé Noronha , ci-devant Francifcain Portugais , & le nommé Rochette , Secrétaire dudit de Lally , seroient pris au corps & conduits prisonniers , suivant & aux termes des Lettres-patentes du 12 Janvier 1764 , regiftrées le 19 , pour être ouis & interrogés pardevant le Conseiller - Rapporteur, sur les faits résultans des charges & informations ; & où lesdits Noronha & Rochette ne pourroient être pris & appréhendés, après perquisition faite de leurs personnes, assignés à quinzaine, leurs biens saisis & annotés, & à iceux Commissaires établis : il auroit en outre été ordonné que l'information faite à la Cour le 30 Avril 1764 & jours suivans, seroit continuée, & que les témoins ouis dans ladite information, & ceux qui pourroient être entendus de nouveau, ensemble les témoins entendus pardevant le Lieutenant Criminel du Châtelet, seroient récolés en leurs dépositions, & si besoin étoit, confrontés aux accusés, & lesdits accusés & ceux qui pourroient l'être par la suite, récolés en leurs interrogatoires, & si besoin étoit, confrontés les uns aux autres pardevant ledit Mᵉ de Bretigniere, Conseiller ; pour ce fait, communiqué au Procureur-Général du Roi, & vu par la Cour, être ordonné ce que de raison ; par lequel Arrêt ledit de Lally auroit été débouté de la demande par lui formée lors de son interrogatoire, subi, en exécution dudit Arrêt, le 22 Mai 1764. L'interrogatoire subi en exécution dudit Arrêt, par Jean - Ferdinand Rochette, pardevant le Conseiller-Rapporteur, le 25 Juin 1764. Les interrogatoires aussi pareillement subis pardevant ledit Conseiller-Rapporteur, en exécution dudit Arrêt, par ledit de Lally, lesdits Chaponay, Allen, de Poully, Deferre, de Gadeville, Meagher, de Bazin, de Chamboy & de Fumel, les 14 Juin, 4, 12, 15, 19 & 20 Juillet, & 12 Août 1765. Les procès-verbaux de récolement des témoins entendus dans les informations faites tant pardevant le Lieutenant Criminel du Châtelet, qu'en la Cour pardevant le Conseiller-Rapporteur, & de la confrontation faite desdits témoins auxdits de Lally, de Gadeville, de Poully, Deferre, Chaponay, Meagher, Allen & Rochette, les 27 Juillet, 11, 13, 23, 24, 25 & 28 Août 1764, ensemble le procès-verbal de récolement desdits accusés en leurs interrogatoires du 17 Mai 1765 & jours suivans, de la confrontation d'accusés sur leurs interrogatoires du 19 Juillet 1765 & jours suivans, d'autres confrontations d'accusés sur leurs interrogatoires du 29 Août audit an 1765, le tout fait pardevant ledit Mᵉ de Bretigniere, Conseiller, en exécution dudit Arrêt du 6 Juin 1764. Le requisitoire du Procureur-Général du Roi, du 6 Juin 1764, tendant à ce qu'il fût ordonné que pardevant le Conseiller - Rapporteur, & en présence de l'un des Substituts du Procureur-Général du Roi, les piéces écrites en langue Angloise, trouvées sous les scellés apposés sur les papiers dudit de Lally, & autres accusés, lors de la levée d'iceux, seroient traduites en François par tel interprête qu'il plairoit à la Cour, lequel, à cet effet, prêteroit serment devant ledit Conseiller, en présence de l'un des Substituts du Procureur-Général du Roi ; pour, ladite traduction faite, servir à l'instruction & jugement dudit Procès, ce que de raison. L'Arrêt rendu en conséquence ledit jour 6 Juin, par lequel Jean-Baptiste Descolins a été nommé Interprête pour faire ladite traduction. Le procès-verbal dudit Mᵉ Pasquier, fait à l'occasion de ladite traduction, le 28 Mars 1765, en exécution dudit Arrêt. Autre Arrêt du 7 Septembre 1764, par lequel il auroit été ordonné que ledit Guillaume Meagher seroit élargi & mis en liberté ; à la charge par lui de se réintégrer dans les prisons, toutes & quantes fois il seroit ordonné par la Cour. Autre Arrêt du 23 Janvier 1765, par lequel il auroit été ordonné que Jacques-Philippe Hurpy & Joseph-Louis-Denis Jacquelot, ci-devant Gardes dudit de Lally, seroient pris au corps & conduits prisonniers, suivant & aux termes des Lettres-patentes du 12 Janvier 1764, enrégistrées en la Cour le 19 dudit mois, & le Comte d'Aché, Chef d'Escadre, assignés pour être tous ouis & interrogés pardevant le Conseiller-Rapporteur, sur les faits résultans des informations, & autres sur lesquels le Procureur - Général du Roi voudroit les faire entendre ; & où lesdits Hurpy & Jacquelot ne pourroient être pris & happrehendés, après perquisitions de leurs personnes, assignés à quinzaine, leurs biens saisis & annotés, & à iceux Commissaires établis, jusqu'à ce qu'ils aient obéi, suivant l'Ordonnance, il auroit été en outre ordonné que l'information du 26 Juin 1764 & jours suivans, seroit continuée, à l'effet de quoi le Conseiller - Rapporteur auroit été autorisé à se transporter en la maison du Chevalier de Rhuis pour l'entendre en déposition, & ledit Mᵉ de Bretigniere de se transporter dans ladite maison pour procéder au récolement de témoins sur sa déposition, & à sa confrontation aux accusés, s'il en étoit besoin ; pour quoi lesdits accusés aussi, s'il en étoit besoin, seroient conduits sous bonnes & sûres gardes, en la maison dudit Chevalier de Rhuis. La continuation d'information faite par ledit Con-

6

feiller-Rapporteur, en exécution dudit Arrêt, le 24 Janvier 1765 & jours fuivans; lad. continuation d'information compofée de vingt témoins, du nombre defquels eft le Chevalier de Rhuis. L'interrogatoire fubi auffi en exécution dudit Arrêt, pardevant le Confeiller-Rapporteur, le 15 Janvier 1765 & jours fuivans, par ledit Anne-Antoine d'Aché. L'Arrêt du 11 Mai 1765, par lequel il auroit été ordonné que les nommés Foif-fier, Valet-de-Chambre & Perruquier dudit de Lally, & Defchaux, Maître-d'Hôtel dud. de Lally, feroient pris & appréhendés au corps, & conduits prifonniers, fuivant & aux termes des Lettres-patentes du 12 Janvier 1764, duement enrégiftrées. Les interroga-toires fubis pardevant le Confeiller-Rapporteur, en exécution dudit Arrêt, le 14 dudit mois de Mai 1765, par lefdits Foffier & Defchaux. L'Arrêt du 23 du même mois, par lequel il auroit été ordonné que lefdits Foffier & Defchaux feroient mis en liberté, à la charge par eux de fe repréfenter en état d'affignés pour être ouis toutes & quantes-fois ils feroient requis. Autre Arrêt du 4 Juillet 1765, rendu fur les requifitions du Procureur-Général du Roi, par lequel il auroit été ordonné que ledit d'Aché feroit de nouveau oui & interrogé pardevant le Confeiller-Rapporteur. L'interrogatoire fubi par ledit fieur d'Aché, en exécution dudit Arrêt, pardevant le Confeiller-Rapporteur, le 17 dudit mois de Juillet. Autre Arrêt du 5 dudit mois de Juillet, rendu fur les requi-fitions du Procureur-Général du Roi, par lequel il auroit été ordonné que l'imprimé du Manifefte en langue Angloife, feroit traduit en François par ledit Jean-Baptifte-Gilles Defcollins, Interprête du Roi. Le procès-verbal fait par ledit Confeiller-Rappor-teur, le 9 dudit mois de Juillet 1765, en exécution dudit Arrêt, à l'occafion de la traduction de ladite piéce; ledit procès-verbal fait en préfence de l'un des Subftituts du Procureur-Général du Roi. Autre Arrêt du 9 Avril 1765, par lequel il auroit été ordonné que ledit Jean-Ferdinand Rochette feroit élargi & mis en liberté, à la charge par lui de fe repréfenter en état d'ajournement perfonnel toutes & quantes fois il en feroit requis. Autre Arrêt du 9 Août 1765, par lequel lefdits de Lally, de Poully, de Gadeville, de Chaponay & Allen, auroient été déboutés de leurs demandes au Procès-du Confeil, & auroit joint leurs demandes au Procès, pour en jugeant y avoir tel egard que de raifon. Les procès-verbaux de perquifition faites par Griveau, Huiffier de la Cour, des perfonnes de Lecomte, Moracin, Lafelle, & des nommés Michelard & fa femme, à l'effet de leur donner affignation; fçavoir, audit Lecomte pour être confronté audit de Lally & autres accufés, auxdits Moracin & Lafelle pour être con-frontés à Bazin, auxdits Michelard & fa femme, pour être confrontés à Foiflier & Defchaux, pardevant Me de Bretigniere, Confeiller; lefdits procès-verbaux faits par Exploits des 20 Mai, 22 & 27 Juillet 1765, & 8 Avril 1766. L'affignation donnée par Griveau, Huiffier, le 2 Juin 1764, au Frere Freinch, Dominicain Irlandois, au nom-mé Ramalingha, & aux deux quidams, Lieutenans au Régiment de Lorraine, à com-paroir à quinzaine, & pour ce faire fe mettre en état dans le Château Royal de la Baftille, conformément aux Lettres patentes du 12 Janvier 1764, regiftrées en la Cour le 19 dudit mois, pour être ouis & interrogés pardevant le Confeiller-Rapporteur, en exécution de l'Arrêt de la Cour du 9 Avril de ladite année 1764, avec déclaration que faute par eux de ce faire, leur procès leur feroit fait & parfait par contumace, fuivant la rigueur des Ordonnances. Le défaut obtenu par le Procureur-Général du Roi au Greffe Criminel des préfentations de la Cour le 10 Juin 1765, pour le profit duquel il auroit été ordonné que le Frere Freinch, Ramalingha & lefdits deux quidams, Lieutenans au Régiment de Lorraine, accufés, feroient affignés par un feul cri public à la huitaine; l'affignation donnée auxdits Freres Freinch, Ramalingha, & auxdits deux quidams, Lieutenans au Régiment de Lorraine, le 19 Juin 1765, à fon de trompe & à cri public, dans les Places & Carrefours de cette Ville, à comparoir à huitaine, & fe mettre en état audit Château, à l'effet de fubir interrogatoires pardevant ledit Confeil-ler-Rapporteur, en exécution dudit Arrêt de la Cour, du 9 Avril 1764. Autre défaut obtenu au Greffe criminel de la Cour par le Procureur-Général du Roi le 3 Septembre 1765, contre lefdits Freinch, Ramalingha & deux quidams, Lieutenans au Régiment de Lorraine. L'affignation à quinzaine donnée à l'Abbé Noronha, par Exploit de Gri-veau, Huiffier, du 29 Août 1764, en exécution de l'Arrêt du 6 Juin précédent, à l'effet par eux de fe mettre en état au Château Royal de la Baftille, conformément aux Lettres-patentes du 12 Janvier 1764; le défaut obtenu par le Procureur-Général au

Greffe criminel des préfentations de la Cour , le 28 Juin 1765 , contre ledit Abbé Noronha, pour le profit duquel défaut il auroit été ordonné que ledit Abbé Noronha feroit reaffigné à la huitaine par un feul cri public ; l'affignation à huitaine donnée audit Abbé Noronha à fon de trompe & cri public dans les Places & Carrefours de cette Ville , à comparoit à huitaine & fe mettre en état audit Château , à l'effet de fubir interrogatoire pardevant ledit Confeiller-Rapporteur, en exécution de l'Arrêt dudit jour 6 Juin 1764. Le défaut obtenu par le Procureur-Général du Roi au Greffe criminel des préfentations de la Cour, le 3 Septembre 1765 , fur ladite affignation par ledit Abbé Noronha. Autre affignation à quinzaine donnée par Griveau , Huiffier , le 17 Avril 1765 , aux nommés Jacques-Philippe Hurpy & Jofeph-Louis-Denis Jacquelot, à l'effet par eux de fe mettre en état au Château Royal de la Baftille , conformément aux Lettre patentes du 12 Janvier 1764 , pour fubir interrogatoire pardevant ledit Confeiller-Rapporteur , en exécution de l'Arrêt de la Cour du 23 Janvier 1765. Le défaut obtenu par le Procureur-Général du Roi au Greffe criminel des préfentations de la Cour , le 24 Juillet 1765 , contre lefdits Hurpy & Jacquelot, pour le profit duquel défaut il auroit été ordonné que lefdits Hurpy & Jacquelot feroient réaffignés par un feul cri public à la huitaine ; l'affignation à huitaine donnée auxdits Hurpy & Jocquelot , à fon de trompe & cri public , dans les Places & Carrefours de cette Ville , à l'effet de fe mettre en état audit Château de la Baftille , pour fubir interrogatoire pardevant le Confeiller-Rapporteur ; ladite affignation en date du 31 Juillet 1765 ; le défaut obtenu par le Procureur - Général du Roi au Greffe criminel des préfentations de la Cour, le 3 Septembre 1765 , fur ladite affignation. L'Arrêt de la Cour du 30 Avril 1766 , par lequel la contumace contre le Frere Freinch , Ramalingha , l'Abbé Noronha & lefdits Hurpy & Jacquelot , auroit été déclarée bien & valablement inftruite , & avant d'en adjuger le profit , auroit été ordonné que les récolemens vaudroient confrontation contr'eux , & que ladite contumace feroit jointe au Procès , laquelle demeureroit également bien inftruite contre les deux quidams , Lieutenans au Régiment de Lorraine. Autre Arrêt de la Cour du 19 Mars 1766 , par lequel procédant à la vifitation du Procès , il auroit été ordonné que dans le délai & fous les peines y portées, lefd. Guillaume Meagher, Jean - Ferdinand Rochette, Charles Foiffier & Jean Defchaux, feroient tenus de fe mettre en état ès prifons de la Conciergerie du Palais , & que lefdits Anne-Antoine d'Aché , Jean-Georges de Fumel , Auguftin-Antoine Derard de Chamboy & Charles-François de Bazin , feroient tenus de fe rendre aux pieds de la Cour pour le jugement dudit Procès. La fignification faite par Exploit de Griveau , Huiffier , auxdits Meagher , Rochette, Foiffier & Defchaux , le 2 Avril 1766 , de l'Arrêt de la Cour du 19 Mars précédent, avec fommation de fe mettre en état ès prifons de la Conciergerie du Palais, dans le délai porté audit Arrêt ; autres fignifications faites auffi par Exploits de Griveau, Huiffier , des 5 & 12 Avril 1766 , du même Arrêt de la Cour , du 19 Mars précédent , auxdits de Chamboy, de Bazin , de Fumel & d'Aché , avec fummation de fatisfaire de leur part audit Arrêt. Les actes mis au Greffe criminel de la Cour par lefdits de Bazin, de Chamboy & de Fumel , affiftés de leurs Procureurs , les 28 Août 1765 , 14 & 19 Avril 1766 , portant foumiffion de leur part de fe rendre aux pieds de la Cour pour le jugement dudit Procès , à toutes les fommations qui leur en feroient faites, ayant pour cet effet fait élection de domicile en la maifon de leurs Procureurs y défignés. La fommation faite par Exploit dudit Griveau le 19 Avril 1766 , auxdits fieurs de Fumel, Bazin & Chamboy , aux domiciles par eux élus par leurs actes de foumiffion , à l'effet par eux de fe rendre aux pieds de la Cour dans le temps y porté , pour le jugement dudit Procès , avec déclaration que faute par eux de ce faire il y feroit procédé & paffé outre tant en leur abfence que préfence. La Requête préfentée à la Cour par Jean-Baptifte Barthelin , ci - devant Négociant à Pondichéry, contenant demande , à ce que ledit fieur de Lally fût condamné en 150,000 liv. de dommages & intérêts envers ledit Berthelin , par forme de réparation civile , réfultans de la calomnieufe & téméraire accufation qui lui a été fufcitée , & des outrages qu'il a exercés contre lui , ainfi que des pertes & dommages qu'il lui a caufés , fauf audit Berthelin à fe pourvoir pardevant qui & ainfi qu'il appartiendra , pour fe faire reftituer les vingt mille roupies dont eft queftion en ladite Requête, au bas de laquelle eft l'Ordonnance de la Cour, par laquelle il auroit été réfervé à y faire droit en jugeant.

La Requête dudit Antoine d'Aché, du 29 Avril 1766, à ce qu'il lui fût donné acte de ce que pour moyens d'atténuation contre les plaintes & accusations contre lui formées à la Requête du Procureur-Général du Roi, il employoit le contenu en son Mémoire imprimé, ainsi que les piéces y énoncées, & auroit conclu à ce qu'il fût renvoyé de l'accusation, & que l'Arrêt à intervenir seroit imprimé & affiché aux frais de qui il plairoit à la Cour ordonner, sous les réserves expresses par lui faites de se pourvoir par toutes voies de droit pour raison de toutes délations & dénonciations témér rement faites au Procureur-Général & à tous autres contre lui ; & au bas de laquelle Requête est l'Ordonnance de la Cour, par laquelle il auroit été réservé à y faire droit en jugeant. La Requête présentée à la Cour par Luc Allen, contenant demande à ce qu'il fût ordonné que les dépositions des témoins seroient nulles & comme non faites, qu'il seroit élargi sans délai, & que ses délateurs lui seroient dénoncés pour les prendre à parties, & poursuivre contr'eux telles réparations, dommages & intérêts que de droit, au bas de laquelle Requête est l'Ordonnance de la Cour, par laquelle il auroit été réservé à y faire droit en jugeant. La Requête dudit Thomas Arthur de Lally, tendante à ce qu'il lui fût donné acte que pour moyens d'atténuation au Procès criminel contre lui intenté à la Requête du Procureur-Général du Roi, il employoit & produisoit les piéces & mémoires énoncés en ladite Requête, pour lesdits mémoires & piéces rapportés & lus en la Cour, & des preuves littérales en résultantes, comparées avec les prétendues preuves vocales qui pourroient être induites des charges & informations, il fût en conséquence déchargé de l'accusation contre lui intentée, de concussion, malversations, déprédations, haute trahison & autres faits quelconques, même de l'accusation d'abus d'autorité en toutes autres parties que celles concernant le Militaire, dont la connoissance, circonstance & dépendance n'appartiennent qu'à un Conseil de Guerre, que ledit de Lally n'a cessé & ne cesseroit jamais de réclamer, & pardevant lequel il supplioit la Cour de le renvoyer ; il fut ordonné que l'écrou dudit de Lally seroit rayé de tous registres où il se trouveroit inscrit, à ce faire tous Greffiers & Géoliers contraints par les voies qu'ils y sont tenus, quoi faisant déchargés ; qu'il lui fût permis de faire imprimer & afficher l'Arrêt par-tout où besoin seroit, sauf à lui à se pourvoir contre tous dénonciateurs & délateurs, ainsi qu'il aviseroit, & par toutes voies de droit ; & où la Cour ne se trouveroit pas suffisamment instruite, audit cas faisant droit sur la demande à fin de communication de piéces, il fut ordonné que toutes les piéces apportées au Greffe de la Cour, autres que celles représentées audit de Lally lors des interrogatoires & confrontations, lui soient communiquées sous le récépissé de son Procureur, ou même par la voie du Greffe & sans déplacer, pour être après ladite communication dit, écrit par ledit de Lally pour sa décharge tout ce qu'il aviseroit, & par la Cour statué ce qu'il appartiendroit, le tout sous la réserve expresse des moyens de fait & de droit dudit de Lally, même de donner telle autre plus ample Requête d'atténuation qu'il aviseroit, au bas de laquelle Requête est l'Ordonnance de la Cour, par laquelle il auroit été réservé à y faire droit en jugeant. Autre Requête présentée à la Cour par ledit d'Aché le 5 Mai 1766, contenant demande à ce qu'il fût ordonné que les faits calomnieux & termes injurieux répandus dans les différens Mémoires dudit de Lally contre lui, seroient rayés & biffés par le Greffier de la Cour qui en dresseroit procès-verbal aux frais dudit de Lally, & il fût permis audit d'Aché de faire imprimer & afficher par-tout où besoin seroit, en tel nombre d'exemplaires qu'il plairoit à la Cour, comme aussi de faire imprimer, si bon lui sembloit, à la fin dudit Arrêt un extrait dudit procès-verbal de radiation, que ledit de Lally fût condamné aux dépens, même aux frais de l'impression des réponses que lui sieur d'Aché s'est vu dans la nécessité de faire pour prouver lesdits faits calomnieux & termes injurieux répandus dans les différens Mémoires dudit de Lally, au bas de laquelle Requête qui contient en outre production des piéces y énoncées, est l'Ordonnance de la Cour, par laquelle il auroit été réservé à y être fait droit en jugeant ; la signification desdites Requêtes & Ordonnances, les piéces jointes & énoncées en la Requête dudit Lally, & aux deux Requêtes dudit d'Aché, aux inductions qui en ont été tirées ; sur lesquelles procédures Arrêt seroit intervenu audit Parlement de Paris le 6 Mai 1766, par lequel la Grande-Chambre assemblée, avant faire droit sur l'accusation intentée contre Joseph-François Deserre, ordonne qu'il se retirera pardevers le Roi pour se pourvoir des Lettres de rémission ;

sans

fans s'arrêter aux Requêtes & demandes dudit de Lally, dont il demeure débouté, ni aux reproches par lui fournis contre les témoins, lefquels font déclarés non pertinens & inadmiffibles, déclare ledit Thomas Arthur de Lally duement atteint & convaincu d'avoir trahi les intérêts du Roi & de fon Etat, & de la Compagnie des Indes, d'abus d'autorité & exactions envers les Sujets du Roi & étrangers, Habitans de Pondichéry; pour réparation de quoi & autres cas réfultans du Procès, l'a privé de fes Etats, honneur & dignités, l'a condamné & condamne à avoir la tête tranchée par l'Exécuteur de la haute Juftice, fur un échafaut qui pour cet effet fera deffé en Place de Grève; déclare tous fes biens acquis & confifqués au Roi, fur iceux préalablement pris la fomme de 10,000 liv. d'amende applicable au pain des Prifonniers de la Conciergerie du Palais, & 300,000 liv. applicables aux pauvres Habitans de Pondichéry, ainfi qu'il en fera ordonné par le Roi; furfoit à faire droit fur les plaintes & accufations intentées contre Armand-Antonin-François Fretard de Gadeville, Jacques-Hugues de Chaponnay & Jacques Poully, jufqu'après l'exécution dudit Thomas-Arthur de Lally.; fur l'accufation intentée contre ledit Luc Allen, l'a mis & met hors de Cour; renvoie ledit Anne-Antoine d'Aché de l'accufation contre lui intentée, ordonne que les termes injurieux audit d'Aché répandus dans les Mémoires dudit de Lally, feront rayés & biffés comme injurieux & calomnieux, que de ladite radiation procès-verbal fera dreffé par le Greffier de la Cour en préfence du Confeiller-Rapporteur, dont expédition fera délivrée audit d'Aché aux frais dudit de Lally; condamne ledit de Lally aux dépens envers ledit d'Aché; renvoie pareillement Jean-Georges, Vicomte de Fumel, Auguftin-Antoine Derard de Chamboy, Charles-François de Bazin, Jean Ferdinand Rochette, Guillaume Meagher, Jean Defchaux & Charles Foiffier, des accufations contr'eux intentées; ordonne que lefdits Rochette, Meagher, Defchaux & Foiffier feront élargis & mis hors des prifons où ils font détenus, & que leurs écroux feront rayés & biffés de tous regiftres où ils font infcrits, à ce faire tous Greffiers & Géoliers contraints, même par corps, quoi faifant, déchargés. Avant faire droit fur l'accufation intentée contre l'Abbé Noronha, le Frere Freinch, Ramalinga, les deux quidams, Lieutenans au Régiment de Lorraine, les nommés Hurpy & Jacquelot, dont la contumace a été déclarée bien inftruite par l'Arrêt du 30 Avril 1766; ordonne qu'à la Requête du Procureur-Général du Roi, & pardevant le Confeiller-Rapporteur, il fera plus amplement informé contr'eux pendant un an, des faits mentionnés au Procès, circonftances & dépendances, pour, l'information faite, communiquée au Procureur-Général du Roi, & vue par la Cour, la Grand-Chambre affemblée, être ordonné ce qu'il appartiendra. Sur la demande dudit Berthelin en dommages-intérêts contre ledit de Lally, a mis & met les Parties hors de Cour, fauf audit Berthelin à fe pourvoir pour la reftitution des vingt mille roupies par lui payées, & dont eft queftion, contre qui & ainfi qu'il avifera bon être; ordonne que tous les Mémoires dudit de Lally, joints à fa Requête d'atténuation, feront fupprimés comme contenant des faits faux & calomnieux; ordonne que le préfent Arrêt fera imprimé, publié & affiché par-tout où befoin fera, & que copies d'icelui feront envoyées dans les Colonies. Autre Arrêt du Parlement de Paris, du 10 Mai 1766, par lequel, pour les cas réfultants du Procès, lefdits de Gadeville & de Chaponay ont été blâmés & condamnés chacun en cent livres d'amende envers le Roi, & ledit de Poully admonefté, & condamné à aumôner la fomme de 3 liv. au pain des Prifonniers de la Conciergerie du Palais, & l'Arrêt imprimé, publié & affiché par-tout où befoin fera, & copies d'icelui envoyées dans les Colonies. L'Extrait de l'Arrêt rendu au Confeil d'Etat du Roi, le 25 Mai 1778, fur les Requêtes de Trophime-Gerard de Lally Tolendal, Armand-Antonin-François Fretard de Gadeville, Jacques-Hugues de Chaponay, Jacques de Poully & Luc Allen, par lequel, le Roi en fon Confeil ayant égard auxdites Requêtes, & faifant droit fur le tout, a caffé & caffe l'Arrêt de fon Parlement de Paris, du 6 Mai 1766, & tout ce qui a fuivi, ce faifant a renvoyé & renvoie ledit procès criminel fur lequel ledit Arrêt avoit été rendu en fon Parlement de Rouen, pour y être à la pourfuite de fon Procureur-Général en ladite Cour, procédé en la forme portée par l'Ordonnance, les Grande-Chambre & Tournelle affemblées, & l'inftruction & jugement dudit Procès, circonftances & dépendances, à l'effet de quoi les charges, informations & procédures apportées au Greffe du Confeil, en exécution de l'Arrêt du 21 Avril 1777, feront renvoyées au Greffe

B

criminel de ladite Cour ; ordonne que lefdits fieurs de Chaponay, Gadeville & autres accufés qui étoient en état de prife de corps lors dudit Arrêt du 6 Mai 1766, feront tenus de fe remettre dans les prifons dudit Parlement de Rouen, leur accordant Sa Majefté les chemins pour prifons, ordonne que lefdits fieurs de Chaponay & Gadeville, en faifant leur foumiffion au Greffe du Confeil, de fe remettre dans les prifons de ladite Cour, feront élargis des prifons où ils font détenus, à quoi faire le Géolier contraint, quoi faifant déchargé ; ordonne que les amendes confignées par les Demandeurs en caffation, leur feront reftituées, à quoi faire le receveur contraint, quoi faifant déchargé. Autre Arrêt rendu au Confeil d'Etat du Roi le 14 Septembre 1778, fur la Requête dudit Trophime-Gerard de Lally Tolendal, par lequel le Roi en fon Confeil a ordonné & ordonne que toutes les piéces relatives au Procès dudit de Lally & autres co-accufés, qui ont été dépofées au Greffe criminel de fon Parlement de Paris, dans le cours de l'iftruction dudit procès criminel, ou expédition de celles defd. piéces qui ne pourront fe déplacer, feront par le Greffier criminel de fon Parlement de Paris, enfemble des décharges qui pourroient avoir été remifes au Greffe de fondit Parlement de Paris, pour raifon de celles defdites piéces qui en auroient été retirées, envoyées en fon Parlement de Rouen, à quoi faire fera ledit Greffier criminel de fon Parlement de Paris, contraint même par corps, quoi faifant déchargé, pour être toutes lefdites piéces ou décharges jointes audit Procès, renvoyées en fon Parlement de Rouen, a l'inftruction & jugement duquel il fera procédé conformément à l'Arrêt du 25 Mai dernier, par la Grand-Chambre de fon Parlement de Rouen. L'Extrait de l'Arrêt rendu au Parlement de Rouen le 21 Décembre 1778, fur les requifitions du Procureur-Général du Roi en icelui, par lequel il lui a été donné acte de la repréfentation par lui faite des deux Arrêts du Confeil des 25 Mai & 14 Septembre 1778. ce faifant à retenu le procès criminel dont il s'agit, ordonne que conformément auxdits Arrêts du Confeil, il feroit procédé à la diligence dudit Procureur-Général du Roi, à l'iftruction & jugement dudit procès, circonftances & dépendances à la forme prefcrite par l'Ordonnance, en conféquence que lefdits accufés décrétés de prife de corps, feroient tenus de fe mettre en état dans les prifons de la Conciergerie du Palais, aux termes de l'Arrêt du Confeil dudit jour 25 Mai, & a nommé d'office pour curateur à la mémoire dudit Thomas Arthur de Lally, Trophime-Gerard de Lally Tolendal, Capitaine de Cavalerie, dans le Régiment des Cuiraffiers ; à la fuite duquel Arrêt eft le procès-verbal de preftation de ferment dudit Trophime-Gerard de Lally Tolendal, & de l'acceptation par lui faite de ladite commiffion de curateur, l'Exploit de fignification faite par Bonnaire, Huiffier à Verge au Châtelet de Paris le 19 Mars 1778, à la Requête du Procureur-Général du Roi au Parlement de Rouen, aux fieurs Trophime Gerard de Lally Tolendal, qualifié qu'il agit, de Gadeville, Chaponay, Poully, Rochette, de Champcy & Foiflier, de l'Arrêt dudit jour 21 Décembre 1778, pour qu'ils aient à s'y conformer & y fatisfaire chacun pour ce qui les concerne ; autre Exploit de fignification faite dudit Arrêt le 3 Avril fuivant par Leroux, Huiffier Audiencier au Siége Royal de Breft, au fieur d'Aché, demeurant à ladite ville de Breft, pour qu'il ait à fe conformer pareillement audit Arrêt en ce qui le concernoit ; autre Exploit d'affignations données par Lecame, Huiffier au Parlement de Rouen le 21 Août 1779, aux fieurs Deferre, Meagher, l'Abbé Noronha, Ramalingha, le Frere Freinch, Hurpy, Jacquelot & les deux quidams, Lieutenans au Régiment de Lorraine, & ce en l'Hôtel du Procureur-Général du Roi au Parlement de Rouen, pour qu'ils aient auffi à fe conformer audit Arrêt, chacun en ce qui pouvoit les concerner ; autre Exploit de fignification faite du fufdit Arrêt le 3 Mai 1779, au fieur Allen, trouvé à Rouen par Lecame, Huiffier, avec interpellation de fe conformer audit Arrêt en ce qui le concernoit. Autre Exploit de fignification faite dudit Arrêt le 7 dudit mois de Mai, par Bonnaire, Huiffier, au nommé Defchaux, demeurant à Paris, pour que du contenu audit Arrêt il n'ignore & ait à s'y conformer aux peines de droit ; autre Extrait d'Arrêt rendu audit Parlement de Rouen le premier Mai 1779, par lequel il a été ordonné qu'à la Requête dudit Procureur-Général du Roi audit Parlement, fommation feroit faite aux fieurs Chaponay, Gadeville, Poully, Rochette, Foiflier, Defchaux, Allen, Deferre, Meagher, décrétés de prife de corps, feront tenus de fe réintégrer Prifonniers dans les prifons de la Conciergerie, & au fieur Trophime-Gerard de Lally Tolendal, curateur à la mémoire du fieur Thomas-Arthur de Lally, aux fieurs d'Aché, de Fumel & de Bazin, de fe repréfenter aux pieds de la Cour, aux fins de fubir les interrogatoires qu'il pourroit appartenir, à faute par eux de fe mettre en état dans lefdites prifons & de comparoir, il feroit paffé outre audit jugement du procès, à la forme de l'Ordonnance. Sommations faites en conféquence, à requête dudit Procureur-Général, les trois, huit, neuf, dix-neuf & vingt Juillet, par exploits de Lecame, Bonnaire, Leroux & Defriche, Huiffiers, aux accufés ci-deffus, pour qu'ils aient à fe conformer au fufdit Arrêt, chacun en ce qui les concernoit. Douze extraits du regiftre plumitif du Parlement de Rouen, des, 5, 7, 12, 14, 19, 21, 26 & 28 Juillet, deux, quatre, neuf & onze Août mil fept-cent foixante dix-neuf, par lefquels il eft conftaté que la Grand'Chambre affemblée, a procédé au jugement des reproches des témoins ouis en l'information du Procès dont il s'agit, lefquels reproches avoient été propofés par les accufés. Une requête au Parlement de Dijon préfentée le premier Juillet 1782, de la part de Jacques du Val d'Epremefnil, Chevalier, ancien Avocat du Roi au Châtelet, Confeiller au Parlement de Paris, & neveu par fon Pere de Georges du Val de Leyrit, Ecuyer, Gouverneur pour le Roi des Ville & Fort de Pondichéry, Commandant Général des Troupes Françoifes dans l'Inde, & Préfident à tous les Confeils y établis, par laquelle il auroit conclu à ce qu'il plût à la Cour le recevoir partie intervenante dans l'inftance pendante en ladite Cour entre M. le Procureur-Général & le fieur Trophime-Gérard Tolendal, fe difant Comte de Lally-Tolendal, nommé curateur à la mémoire du feû Comte de Lally, Commiffaire du Roi, Général de fes Troupes dans l'Inde, & Syndic de la Compagnie, & autres parties, ce faifant joindre la préfente intervention au procès principal diftribué au rapport de M. Villedieu de Torcy, pour y être fait droit par un feul & même Arrêt; faifant droit fur ladite intervention à l'égard de tous les accufés hors la mémoire du Général Lally, donner acte au fuppliant de ce qu'il réitere aux pieds de la Cour fa déclaration faite à Rouen, qu'il n'entend aucunement les troubler dans leurs défenfes, ainfi que toutes les déclarations qu'il leur a refpectivement addreffées en Normandie, par des actes duement fignifiés; à l'égard du fieur Trophime-Gérard Tolendal, ordonner que les mémoires du feu fieur de Lally, intitulés mémoire pour le Comte de Lally, tableau hiftorique de l'expédition de l'Inde, réfumé de la capitulation de Pondichéry, vraies caufes de la perte de l'Inde, enfemble l'écrit intitulé plaidoyer du Comte de Lally-Tolendal, feront & demeureront fupprimés comme faux & calomnieux en ce qui touche la mémoire dudit feû fieur de Leyrit, déclarent de bon cœur le fuppliant, qu'en ce qui le touche perfonnellement, il oublie & remet, tant audit fieur de Lally qui le fert par fes emportements ou fes incroyables plaifanteries; ordonner en outre que l'Arrêt à intervenir fera imprimé & affiché par-tout où befoin fera, & notamment à Paris, à Rouen, à Dijon & dans les principales Villes du Royaume, aux frais & dépens dudit fieur Tolendal, au nombre de trois mille exemplaires; condamner ledit fieur Tolendal tant en la qualité qu'il procéde, que perfonnellement aux dépens; donner acte audit fieur du Val d'Epremefnil, de ce qu'il emploie pour moyen de la préfente requête; 1° à l'effet d'établir le fait de la calomnie, le mémoire du feu fieur de Lally, énoncé ci-deffus, & ledit plaidoyer fauffement intitulé du Comte de Lally-Tolendal, fe réfervant d'y joindre le tableau hiftorique, le réfumé de la capitulation de Pondichéry & les vraies caufes de la perte de l'Inde, lefquelles piéces d'ailleurs font au Greffe de la Cour, comme faifant partie du Procès criminel du Comte de Lally; 2° à l'effet d'opérer la réfutation de ces mémoires dudit Pladoyer, la correfpondance du feû fieur de Lally avec le feu fieur de Leyrit dans l'Inde, le fecond plaidoyer du fuppliant prononcé à Rouen, un autre imprimé ayant pour titre précis des moyens de droit pour M. d'Epremefnil, un quatriéme imprimé ayant pour titre extrait du fecond plaidoyer de M. d'Epremefnil, un cinquiéme imprimé ayant pour titre l'intervention de M. d'Epremefnil, réduite à fept raifonnements, fuivi du réfumé au Roi, un fixiéme imprimé ayant pour titre mémoire de M. d'Epremefnil, contenant déclaration au fujet de la diftribution clandeftine de la requête en caffation du fieur Tolendal, un feptiéme imprimé ayant pour titre réflexions de M. d'Epremefnil fur le dernier écrit du fieur Tolendal, fupprimé par Arrêt du Parlement du 7 Août 1781; enfin un huitiéme & dernier imprimé intitulé mémoire à confulter & confultation pour le fieur de

Buffy, Maréchal des Camps & Armées du Roi, au sujet du mémoire que le sieur de Lally, Lieutenant-Général, vient de répandre dans le Public, avec les lettres que les sieurs de Buffy & de Lally se sont écrites dans l'Inde pour servir de piéces justificatives, lequel mémoire, ouvrage d'un grand homme, employé aujourd'hui à réparer s'il est possible dans l'Inde les maux dont la source remonte aux trahisons du sieur de Lally, servira a répandre un nouveau jour sur les calomnies de ce Général contre M. de Leyrit; ladite requête signée du Val d'Eprémesnil, & Lagoutte, Procureur, en marge de laquelle est l'Arret dudit jour premier Juillet 1782, portant, la Cour a donné acte au suppliant des conclusions & demandes contenues en la présente requête, joint icelle au Procès pour y être statué ainsi qu'il appartiendra, sur laquelle requête est une commission levée en la Chancellerie près le Parlement de Dijon duement collationnée, visée, signée & scellée le 26 Février 1783, aux fins de faire mettre à exécution ledit Arrêt, sur laquelle requête est aussi un paréatis obtenu par ledit sieur d'Epremesnil au grand sceau le 9 Avril suivant, a l'effet de mettre l'Arrêt en marge de ladite requête à exécution dans toute l'étendue du Royaume. L'exploit de signification faite par Mathurin, Sergent Huissier au Parlement de Paris, le 30 Avril 1783, à la requête du sieur d'Eprémesnil, aux sieurs de Chapponay, Poully, Jean-Ferdinand Rochette, Augustin-Antoine Derard de Chamboy, Charles Follier & Jean Descheaux, de sadite requête d'intervention, arrêt en marge, commission sur icelle, paréatis du grand sceau, ensemble des piéces jointes à ladite requête, pour que chacun d'eux n'en ignore, & ait à y répondre si bon lui semble. Ledit exploit contrôlé à Paris le 30 Avril 1783. Autre exploit de signification faite desdites piéces par ledit Sergent le 6 Mai 1783, à la requête dudit sieur d'Eprémesnil, au sieur Trophime-Gérard Tolendal, pour que du contenu auxdites piéces il ne puisse prétexter cause d'ignorance, & ait à y répondre & satisfaire aux termes de l'Ordonnance, persistant au surplus ledit sieur d'Epremesnil aux conclusions de sa requête d'intervention, sauf à les augmenter a l'occasion des libelles dudit sieur Tolendal, non énoncés dans cette requête, ledit exploit contrôlé à Paris le 7 Mais 1783. Autre exploit de signification faite desdites requête & piéces y énoncées le 8 dudit mois de Mai par ledit Sergent, à requête dudit sieur d'Eprémesnil, au sieur Charles de Bazin, Chevalier de l'Ordre Royal & Militaire de Saint-Louis, ci-devant Aide de Camp du Général de Lally, pour que du contenu auxdites requête & piéces ledit sieur de Bazin n'en ignore, & ait a y répondre & satisfaire si bon lui semble; ledit exploit contrôlé à Paris ledit jour 8 Mai. Autre exploit de signification faite desdites requête & piéces ledit jour 8 Mai par ledit Mathurin, Sergent Huissier, à requête dudit sieur d'Eprémesnil, au sieur Armand Antonin François Fretard de Gadeville, ci-devant-Maréchal des Logis de l'Armée du Roi dans l'Inde, pour que du contenu auxdites requête & piéces ledit sieur de Gadeville n'ignore, & ait à y répondre ou satisfaire si bon lui semble, avec déclaration faite par ledit sieur d'Eprémesnil audit sieur de Gadeville, qu'il n'entendoit point se servir de la signification à lui faite le 24 Avril précédent, tant de ladite requête d'intervention que des piéces y énoncées, laquelle signification demeureroit révoquée par la présente, attendu plusieurs erreurs qui s'y étoient glissées, laquelle déclaration a été pareillement faite dans l'exploit du trente Avril 1783, ci-devant visé. Autre exploit de signification faite le 12 Mars 1783 par Louis Fouassier, premier Huissier au Bureau des Finances, de la Généralité de Tours, y demeurant, à requête du sieur d'Epremesnil, au sieur Luc Allen, ci-devant Major Général de l'expédition de l'Inde, demeurant à Amboise, pour que du contenu auxdites requêtes & piéces, ledit Allen n'ignore, & ait à y repondre & satisfaire si bon lui semble; ledit exploit contrôlé à Tours le 13 dudit mois de Mai. Autre exploit de signification faire desdites requête & piéces jointes à requête du sieur d'Epremesnil, au sieur Jean Georges, Vicomte de Fumel, ci-devant Major-Général de l'Armée du Roi dans l'Inde, demeurant à Toulouse, par Courgeon, Huissier à masse d'armes du Roi, au Sénéchal & Présidial de Toulouse le 22 Mai 1783, pour que du contenu auxdites requête & piéces, ledit sieur de Fumel n'en ignore, & ait à y répondre & satisfaire si bon lui semble; ledit exploit contrôlé à Toulouse le 24 dudit mois de Mai. Un réquisitoire dressé de la part du sieur d'Epremesnil, contenant offre de copie desdites requêtes d'intervention & mémoires y énoncés, à M. le Procureur-Général dudit Parlement de Dijon, aux sieurs Deferre, Meagher, deux quidams du

Régiment de Lorraine, Noronha, Hurpy, Jacquelot, Ramalinga & le Frere Freinch, tous étrangers, à l'Hôtel de mondit sieur le Procureur-Général, & encore au sieur Gérard-Trophime se disant Comte de Lally-Tolendal, qualité qu'il agit alors à Dijon, pour que du contenu auxdites piéces toutes lesdites Parties n'en puissent prétexter cause d'ignorance, à la suite sont les exploits de significations qui leur en ont été faites les 15 & 21 Mai 1783 par Noctoux, Huissier, contrôlé à Dijon les 16 & 21 dudit moi de Mai ; lequel Huissier, dans celui qui contient la signification faite au sieur de Lally, a compris sa personne. La cédule de présentation faite au Greffe de la Cour de la part dudit sieur d'Eprémesnil, par le ministere de Me Lagoutte son Procureur, le 2 Juin 1783. Autre cédule de présentation faite au même Greffe de la part dudit sieur d'Eprémesnil, par le ministere dudit Me Lagoutte le 18 dudit mois de Juin. L'exploit d'assignation donnée à requête du Procureur-Général du Roi au Parlement de Dijon, en exécution de l'Arrét rendu en icelui le 14 Août 1781, contenant enregistrement de l'Arrêt du Conseil, & Lettres-Patentes sur icelui, aux sieurs Charles Fossier, ci-devant valet de chambre dudit feû sieur de Lally, Jean Deschaux, ci-devant Cuisinier dudit sieur de Lally, Jean-Ferdinand Rochette, ci-devant Secrétaire dudit sieur de Lally, & Augustin-Antoine Derard de Chamboy, ledit exploit en date du 8 Mai 1783, par Bonnaire, Huissier, aux fins de comparoir & se rendre dans quinzaine ; sçavoir lesdits Fossier & Deschaux ès prisons de la Conciergerie du Palais de ladite Ville, & lesdits Rochette & de Chamboy aux pieds de la Cour dudit Parlement tous pour être présens & subir chacun à leur égard interrogatoire pour le Jugement dudit procès, avec déclaration que faute de ce faire il seroit ordonné ce qu'il appartiendroit, & procéder à l'instruction & Jugement dudit Procès en la forme de droit. Autre exploit d'assignation donnée à la requête du Procureur-Général par Marquet, Huissier au Parlement de Toulouse le 21 Juin 1783, au sieur Vicomte de Fumel, aux fins de comparoir à Dijon dans les délais de l'Ordonnance au Palais, pour l'instruction & jugement du procès criminel dont il s'agit. Autre exploit d'assignation donnée à requete dudit Procureur-Général du Roi, le 7 Juillet 1783 par Bougendre, Huissier, au sieur Luc Allen, Lieutenant Colonel d'Infanterie, ci-devant Major du Régiment de Lally, demeurant à Amboise, aux fins de comparoir dans la quinzaine au Palais à Dijon, pour & aux fins de l'Arrêt du 14 Août 1781, répondre sur les interrogatoires qui pourroient lui être faits pour l'instruction & jugement du procès criminel dont s'agit, déclarant au surplus ledit Procureur-Général audit sieur Allen, qu'il se départ de l'assignation qu'il lui a fait donner le 12 dudit mois, n'entendant en aucune maniere s'en servir. Autre exploit d'assignation donnée par Noctoux, Huissier au Parlement de Dijon, le 14 dudit mois de Juillet, aux sieurs Joseph-François Deferre, Ramalingha, au frere Freinch, Dominican Irlandois, à Guillaume Meagher, Chirurgien-Major du Régiment de Lally, l'Abbé Noronha, Portugais, Jacques-Philippes Hurpy, Joseph-Louis-Denis Jacquelot, & à deux quidams Lieutenans au Régiment de Lorraine, & ce à l'Hôtel de M. le Procureur-Général du Roi, aux fins de comparoir tous dans le délai de quinzaine franche, en la Conciergerie du Palais à Dijon, pour s'y mettre en état & répondre sur les charges des procédures dont il s'agit, sinon que le procès seroit jugé par contumace contre eux à la forme de l'Ordonnance, déclarant ledit Procureur-Général qu'il se départ des assignations qui lui ont été données le 14 Mai dernier, sans que ledit département desdites assignations puisse tirer à conséquence ; ledit exploit contrôlé à Dijon le 25 Juillet 1780. L'extrait mortuaire du sieur Anne-Antoine d'Aché, délivré au Procureur-Général du Roi au Parlement de Dijon le 12 Mai dernier, par Mocair, Curé de S. Louis de Brest, à la suite duquel est le certificat du Sénéchal de ladite Ville, du même jour, qui atteste que ledit sieur Mocair est Curé de l'Eglise Paroissiale de S. Louis de Brest, où ledit sieur d'Aché a été inhumé, & que foi doit-être ajoutée à l'extrait mortuaire qu'il a délivré. Autre extrait mortuaire délivré à M. le Procureur Général audit Parlement, le 16 Juillet dernier, portant que le 25 du mois de Mai précédent, Charles-François de Bazin, Lieutenant-Colonel d'Infanterie, Chevalier de l'Ordre Royal & Militaire de S. Louis, a été inhumé en l'Eglise Paroissiale de S. Sulpice de Paris, ledit extrait Repsvic. L'extrait de l'Arrêt rendu à la Cour le 21 Juin dernier, par lequel la Cour, la Grand'Chambre assemblée, sans s'arrêter aux Arrêts rendus au Parlement de Rouen les 5, 7, 12, 14, 19, 21, 26 & 28 Juillet,

2 , 4, 9 , & 11 Août 1779, dans lefquels...... Coltot , Confeiller en ladite Cour , a
été Juge , les a déclaré & déclare comme non avenus , ordonne en conféquence qu'il
fera procédé à la vifitation & jugement du procès. L'extrait de la requête préfentée
à la Cour de la part de Trophime-Gerard de Lally-Tolendal , qualité qu'il agit , le 27
Juin dernier , par laquel il auroit conclu à ce qu'il plût à ladite Cour ordonner que
conformément à l'article 23 de l'Ordonnance de 1670 , toutes les piéces jointes au
procès , & rapportées autrefois au Greffe du Parlement de Paris, autres que celles repréfentées
au feû Comte de Lally lors de fes interrogatoires & fes coufrontations , notamment
celles qui ont été faifies & emportées de chez lui , lorfque le miniftere l'a fait arrêter , & notamment encore celles qui ont été envoyées du Greffe de Paris, en vertu de
l'Arrêt du Confeil du 14 Décembre 1778 , feroient communiquées au fuppliant , ledit
fuppliant adoptant à cet égard purement & fimplement les conclufions prifes dans les
requêtes des 14 Avril & 3 Mai 1766 , par le feu Comte de Lally , dont il repréfen-
toit la perfonne & exerçoit tous les droits ; ordonner en outre que même les piéces repréfentées au feû Comte de Lally , lors de fes interregatoires ou confrontations , & toutes
les procédures faites avec lui feroient pareillement communiquées au fuppliant , le
tout fous le récépiffé de fon Procureur ou même par la voie du Greffe , & fans déplacer ; pour après ladite communication être dit , écrit & produit par le fuppliant
tout ce qu'il aviferoit pour la décharge de la mémoire dont il eft curateur ; fur laquelle
requête feroit intervenu Arrêt le 27 Juin dernier , enfuite des conclufions du Procureur Général du Roi , par lequel la Cour a ordonné que ladite requête demeureroit
jointe au procès , pour en jugeant y avoir tel égard que de raifon , & a au furplus
donné acte audit Procureur du Roi , de la déclaration & aveu fait par le fuppliant
dans ladite requête , qu'il a entre les mains tontes les procédures faites contre fon
pere , & qu'il ne prétend pas le diffimuler , dénonciation , plainte , information , récolement , confrontations , interrogatoires ; en conféquence a ordonné audit fuppliant
d'apporter au Greffe de la Cour , trois jours après la fignification qui lui feroit faite
du préfent Arrêt , à la diligence du Procureur-Général du Roi , les copies de toutes
les procédures qu'il a déclarées avoir en fa puiffance ; à la fuite eft l'exploit de fignification qui lui a été faite dudit Arrêt par Moret , Huiffier , le 6 Juillet auffi dernier ,
dans lequel exploit ledit fieur de Lally a fait réponfe qu'il lui étoit impoffible de dé-
férer à l'Arrêt de la Cour du 27 Juin , attendu que les piéces qu'il lui étoit enjoint
de remettre au Greffe , n'étoient plus en fon pouvoir , fon travail étant abfolument
terminé , & n'ayant plus befoin de les garder , & que la partie de fa famille qui étoit
reftée en Irlande , avoit toujours eu deffein de les publier dans toute l'Europe par la
voie de l'Impreffion ; qu'abfent de Dijon pendant dix jours , il n'avoit eu pour but
dans le voyage notoire qu'il a fait hors de France , que de dépofer lui-même en mains
fûres la totalité du procès qui eft parti pour l'Angleterre famedi 28 Juin , & qui n'en
reviendra plus qu'imprimé depuis la premiere piéce jufqu'à la derniere ; ledit exploit
contrôlé le 8 Juillet dernier. L'extrait d'une autre requête préfentée à la Cour le 18
dudit mois de Juillet par ledit Trophime-Gerard de Lally-Tolendal , qualité qu'il agit
par laquelle il auroit conclu à ce qu'il plaife à la Cour lui donner acte de la déclaration qu'il a déjà faite dans fa réponfe à M. le Procureur-Général , & qu'il renouvel-
loit , que les copies des procédures ne font plus entre fes mains , qu'elle font parties
pour l'Angleterre , & qu'il les a emportées de Dijon dans la nuit du 22 au 23 Juin ,
par conféquent trois jours avant qu'il eût eu connoiffance de l'Arrêt de la Cour , qui
lui a enjoint de les remettre au Greffe , & quatre jours avant que cet Arrêt fut rendu ;
& dans le cas où la Cour feroit difficulté de s'en rapporter à la déclaration du fuppliant , ce qu'il n'eftime pas , l'admettre à certifier par ferment le contenu de ladite
déclaration ; fur laquelle requête feroit intervenu Arrêt enfuite des conclufions du
Procureur-Général du Roi , par lequel la Cour , la Grand'Chambre affemblée , a donné
acte au fuppliant de fa déclaration contenu en ladite requête , fous le bénéfice du ferment
par lui offert , & qu'il feroit tenu de prêter pardevant le Confeiller-Rapporteur , qu'il
n'a actuellement en fa puiffance aucune des copies des procédures criminelles , &
qu'il n'en retient aucune par dol , fraude ni autrement ; enjoint au fuppliant de dépofer au Greffe de la Cour , toutes lefdites copies de procédure au plus tard pour le
22 du mois d'Août alors prochain , à peine de contrainte par corps, portée par l'Arrêt

du 11 dudit mois de Juillet, auquel effet le préfent Arrêt lui feroit fignifié à la diligence du Procureur-Général du Roi, à la fuite eft l'exploit de fignification qui en
a été faite par Moret, Huiffier, le 19 dudit mois de Juillet, lequel exploit contient
la réponfe dudit fieur de Lally, par laquelle il renouvelle à la Cour fes premieres pro-
teftations, ajoutant que dans un délai auffi court que celui qui lui eft prefcrit par
l'Arrêt, il lui eft impoffible de faire revenir une quantité auffi confidérable de piéces
du fond de l'Irlande où elles n'étoient pas encore arrivées; ledit exploit contrôlé à Dijon
le 21 dudit mois de Juillet par Bonnard. Un réquifitoire dreffé par le Procureur-Général du Roi, aux fins de faire affigner ledit fieur de Lally à jour & heure fixe au
Palais à Dijon, pardevant mondit fieur de Torcy, pour, en exécution de l'Arrêt
dudit jour 18 Juillet, prêter le ferment ordonné par le fufdit Arrêt ; a la fuite eft
l'exploit d'affignation donnée en conféquence audit fieur de Lally par Moret, Huiffier,
le 23 dudit mois de Juillet, contrôlé à Dijon le même jour par Bonnard. Le procès-
verbal dreffé en conféquence pardevant ledit fieur Confeiller Villedieu de Torcy, le
25 dudit mois de Juillet, duquel il réfulte que ledit fieur de Lally a déclaré que
prêt de paroître pour obéir aux ordres de la Cour, & avant de procéder à un acte
auffi augufte & auffi terrible que celui du ferment, il a feuilleté de nouveau tous fes
papiers pour s'affurer s'il n'y reftoit aucun double des piéces dont il eft queftion, qu'il
a retrouvé une copie des plaintes de M. le Procureur-Général du Parlement de Paris,
qu'il ne croyoit pas avoir, & qui étoit reftée confondue par mégarde avec une copie
des minutes de correfpondance de fon Pere, étant du même papier, du même for-
mat & de la même écriture, ignorant au furplus le nom du copifte ; laquelle copie
ledit fieur de Lally a remife & a été cotée & paraphée à chaque page, & fignée tant
dudit fieur de Lally, que du fieur Confeiller de Torcy, lequel fieur de Lally a au
furplus affirmé par la religion du ferment, qu'il ne retenoit aucune des copies des procédures
dont il s'agit, par dol, fraude ni autrement; laquelle copie en quatre cahiers a été dépofée
au Greffe de la Cour. Une requête préfentée à la Cour de la part du fieur du Val
d'Eprémefnil le 21 Juin 1783, par laquelle il auroit conclu à ce qu'il plût à la Cour
recevoir au Procès, 1° Un Mémoire imprimé, intitulé : Tableau hiftorique de l'expédition
de l'Inde, pour le Comte de Lally, contre M. le Procureur-Général, commençant par
ces mots : *Le Comte de Lally a été nommé au mois d'Août 1756, pour Commandant
de l'Expédition de l'Inde ;* & finiffant par ces mots : *Fera enfin triompher fon innocence :*
2° Le Réfumé de la Capitulation de Pondichéry, commençant par ces mots : *Une
Capitulation ne peut être repréhenfible ;* & finiffant par ceux-ci : *Puifqu'il n'eft point
d'objet fur lequel il n'étoit prouvé que le Comte de Lally fût irréprochable.* 3° Celui
intitulé les vraies caufes de la perte de l'Inde, pour le Comte de Lally, contre M. le
Procureur-Général, commençant par ces mots : *Le Public n'a vu jufqu'ici & ne voit
encore aujourd'hui que Pondichéry perdu ;* & finiffant par ceux-ci : *Que la confervation
de Pondichéry dépendoit uniquement de l'Efcadre ;* à la fuite defquels trois Mémoires
font les copies des lettres écrites par le Comte d'Aché au Comte de Lally, avec Extrait de celles du fieur de Leyrit, lefquels trois Mémoires le Suppliant s'étoit réfervé,
par fa Requête préfentée à la Cour le premier Juillet dernier, de les joindre à la préfente.
4° Un autre Mémoire imprimé, intitulé: Extrait de piéces jointes à la Requête d'Intervention dudit fieur du Val d'Eprémefnil, dans l'inftance criminelle pendante à la Cour
entre M. le Procureur-Général & le fieur Trophime-Gerard Tolendal, fe difant Comte
de Lally Tolendal, curateur à la mémoire du feû Comte de Lally & autres parties,
ainfi que les piéces réfervées à joindre par ladite Requête, lequel a été fignifié audit
fieur Tolendal le 21 Mai dernier ; joindre le tout au Procès & mis au fac, pour en
jugeant y avoir tel égard que de raifon. En marge eft l'Arrêt du même jour, portant,
la Cour a joint la préfente Requête, ainfi que les piéces mentionnées en icelle au
procès criminel dont il s'agit ; ladite Requête fignifiée le 22 Juin audit fieur de Lally
par Guignier, Huiffier ; les Mémoires joints à ladite Requête. Autre Requête préfentée à la Cour de la part dudit Trophime Gerard de Lally Tolendal le 4 Août 1783,
tendante à ce qu'il plût à ladite Cour recevoir au Procès les Mémoires & Piéces qui
feront ci-après énoncés, pour être joints au procès criminel pourfuivi à la Cour, la
Grand Chambre affemblée, enfuite d'un renvoi par Arrêt du Confeil d'Etat Privé du
Roi, du 31 Juillet 1780, & Lettres-patentes expédiées fur icelui ; lui donner acte de ce

qu'il emploie lefdits Mémoires & Piéces pour moyens d'atténuation contre l'accufation pourfuivie par M. le Procureur-Général du Roi, contre la mémoire dudit feû fieur
Comte de Lally fon pere ; moyens de nullité contre la Procédure pourfuivie & inftruite
au Parlement de Paris, contre ledit feû fieur Comte de Lally ; moyens de reproches
contre les témoins entendus en ladite Procédure ; moyens de renvoi & décharge de
toutes les accufations, cette part pourfuivie contre fa mémoire, & autres moyens de fait
& de droit, articulés par le Suppliant, tant dans les écrits fignifiés de fa part, que
ceux qu'il fe réferve de faire fignifier, pour être lefdits Mémoires, Piéces & Écrits
quelconques, rapportés & lus à la Cour ; lui donner pareillement acte des réferves
expreffes qu'il faifoit par ladite Requête, d'invoquer plus fpécialement & plus parti-
culiérement lefdites piéces ou papiers d'icelles lors des interrogatoires que demande le
Suppliant lui être faits en fadite qualité de curateur, par M. le Commiffaire-Rapporteur
du Procès, fur les prétendues charges des Procédures pour la plus ample défenfe de la
mémoire dudit feû fieur fon pere, & demande pour lors la repréfentation defdites
piéces ou parties d'icelles, & de toutes autres qui pourront fervir à vérifier l'innocence
dudit fieur fon pere, & la vérité des réponfes aux interrogatoires qui lui feront faites
par M. le Confeiller-Rapporteur, à la forme des Ordonnances ; & attendu qu'il feroit
trop long & trop difpendieux d'énoncer par détail lefdites piéces, même de la manière
la plus fommaire, le Suppliant fe contentera de les indiquer par leur nombre, ainfi
que par les numéros qui feront mis fur chaque piéce & fur chaque liaffe, les indi-
quant auffi fur la derniere, celles qui compoferont celles qui feront mifes en liaffe,
le nombre des piéces de chaque liaffe, en obfervant d'appofer par le Procureur fouf-
figné fa fignature fur chacune des cotes & numéros, obfervant de plus de diftinguer
dans lefdites piéces, celles qui font originales, de celles qui ne font qu'en copies, &
enfin celles qui ne font que des notes indicatives de certaines piéces produites ou im-
primées, dont le Suppliant ne produira ni originaux, ni copies ; lefdits piéces confiftent
en 135 numéros, qui commencent par le numéro 138 & continuent de fuite jufqu'au
numéro 273, qui eft celui de la préfente Requête ; les numéros 154. 159. 160. 161,
162. 164. 165. 166. 168. 172. 174. 181. 183. 209. 210. 211. 216. 219. 221. 223. 224.
226. 227. 230. 232. 233. 234. 235. 241. 242. 243. 245. 246. 248. 252. 253. 254 & 257,
ne font que des notes indicatives de plufieurs piéces, & des autres numéros où fe
trouvent les originaux ; les numéros 140. 146. 148. 152. 153. 155. 158. 169. 170. 171.
184. 185. 191. 192. 196. 214. 217. 218. 219. 222. 236. 237. 238. 239. 240. 251. font
des copies de lettres & autres piéces, avec des enveloppes qui indiquent où font les
originaux defdites piéces ; les autres numéros font compofés pour la très-grande partie, des piéces originales, parmi lefquelles il y a déja néanmoins quelques copies,
chaque numéro revêtu d'une enveloppe, fur laquelle le nombre des piéces de chaque
liaffe eft indiqué, étant à obferver que les numéros 264. 265. 266 & 267. font les
cahiers de la Correfpondance du pere du Suppliant pendant les années 1758. 1759. 1760
& 1761 ; que le numéro 268 eft fon cahier de Correfpondance d'Europe, le numéro
269 eft le cahier des lettres des Princes Maures, les numéros 270 & 271. font les cahiers de la traduction des lettres écrites par les Princes Maures. En marge eft l'Arrêt
du même jour, portant acte des demandes & conclufions contenues en ladite Requête, joint icelles au Procès avec les piéces y jointes, pour en jugeant y avoir tel
égard que de raifon ; à la fuite eft la fignification qui en a été faite le 4 dudit mois
d'Août au Pocureur *ad lites* de M. le Procureur - Général, par Moret, Huiffier ; les
piéces jointes à ladite Requête. Une fommation dreffée de la part dudit fieur de Lally,
par laquelle il auroit déclaré à M. le Procureur - Général, qu'au lieu & place de Me
Jarrin, ci-devant fon Procureur, il conftituoit Me Detourbet ; à la fuite eft la fignification qui en a été faite à fon Procureur *ad lites*, le 13 dudit mois d'Août, par Moret,
Huiffier. Autre Requête préfentée à la Cour le 14 dudit mois d'Août, de la part du
fieur d'Eprémefnil, par laquelle il auroit conclu à ce qu'il plût à ladite Cour lui donner acte des conclufions qu'il prenoit & demandes qu'il formoit, en amplifiant celles
par lui ci-devant prifes par fa Requête du premier Juillet 1782 ; faifant droit fur fon
Intervention, ordonner que l'imprimé intitulé : Mémoire produit au Confeil du Roi,
& divifé en trois parties, dont la premiere contient 343 pages d'impreffion, la feconde
422, & la troifieme 96, feroit & demeureroit fupprimé, comme contenant des faits

faux

faux & calomnieux envers la mémoire du feû sieur de Leyrit, oncle du Suppliant ; lui donner pareillement acte de ce qu'il emploie pour moyens le contenu en la présente Requête ; enfin donner acte au Suppliant de ce qu'il se départ de l'Inventaire de production par lui fait le 22 Juin dernier, & produit au Greffe criminel de la Cour le 27 dudit mois, & consent que ledit Inventaire soit regardé comme non avenu, & condamner ledit sieur de Tolendal en tous les dépens de l'Intervention, au surplus recevoir au Procès ladite Requête, joindre icelle au Procès, pour en jugeant y avoir tel égard que de raison ; en marge est l'Arrêt du même jour, portant acte des demandes & conclusions contenues en ladite Requête, joint icelle au Procès pour y être statué ainsi qu'il appartiendra ; à la suite est la signification qui en a été faite au Procureur *ad lites* de M. le Procureur-Général ledit jour 14 Août, par Perdrizet. Une sommation en offre de copie de ladite Requête de la part dudit sieur d'Eprémesnil au sieur de Lally ; à la suite est la signification qui lui en été faite en sa personne le 15 dudit mois d'Août par Dannon, contrôlé le 16 par Bonnard. Un Mémoire imprimé, intitulé : Coup-d'Œil, dressé par ledit sieur d'Eprémesnil, & signifié au Procureur-Général le 16 dudit mois d'Août. La Requête présentée à la Cour de la part dudit sieur d'Eprémesnil le 16 Août, aux fins de faire recevoir ledit Mémoire au Procès, ordonner que le tout se oit mis au sac, pour en jugeant y avoir tel égard que de raison ; en marge est l'Arrêt du même jour, portant, ait acte & joint à la procédure ; à la suite est la signification qui en a été faite au Procureur-Général ledit jour 16 Août, par Dannon. Une sommation en offre de copie desdits Mémoire & Requête signifié de la part dudit sieur d'Eprémesnil audit sieur de Lally ; à la suite est l'Exploit de signification qui lui en a été faite à sa personne le 16 Août présent mois, par Dannon, contrôlé le même jour par Bonnart. Autre Requête présentée à la Cour de la part dudit sieur de Lally Tolendal, le 18 dudit mois d'Août, par laquelle il auroit conclu à ce qu'il plût à la Cour lui donner acte de l'emploi qu'il faisoit de tous les moyens, fins & exceptions, articulés au Procès, tant par feû son pere que par lui, en sa qualité de curateur à sa mémoire ; lui donner aussi acte des conclusions qu'il prenoit, à ce que la mémoire dudit feû Thomas-Arthur, Comte de Lally son pere, soit déchargée de l'accusation poursuivie contr'elle par M. le Procureur-Général du Roi ; ordonner que les écroux faits de la personne dudit feû Comte de Lally seront rayés & biffés sur tous registres où il peut y en avoir d'inscrits par le premier Huissier requis ; qui en dressera procès-verbal, & fera mention sur lesdits registres de l'Arrêt qui interviendra ; permettre au Suppliant de faire imprimer, publier & afficher l'Arrêt qui interviendra, par-tout où il jugera à propos, tant dans le Royaume que dans les Colonies ; au surplus donner acte au Suppliant de ce qu'il emploie pour plus amples moyens d'atténuation, & joint à la présente Requête, pour être lues & rapportées en la Cour. Trois liasses de différentes lettres originales, écrites secrétement par ledit feû Comte de Lally, du fond de la Bastille, à différentes personnes, partie de sa main, partie de celle du Secrétaire qui étoit enfermé avec lui, parmi lesquelles est la minute d'une qu'il a adressée au Roi, lesdites lettres au nombre de 51 ; sçavoir, 17 dans la premiere liasse, 25 dans la seconde, & 9 dans la troisieme, toutes cotées & paraphées par le Procureur du Suppliant, met sous les yeux de la Cour pour satisfaire à l'engagement qu'il en a pris ; & afin que la Cour ayant connoissance des plus secrettes pensées du feû sieur Comte de Lally son pere, ait sujet de se convaincre de plus en plus de sa parfaite innocence, donner pareillement acte au Suppliant de ce qu'il joint à ladite Requête, l'imprimé du Discours qu'il a eu l'honneur de prononcer devant la Cour le 16 dudit mois, lorsqu'il a été admis à y comparoître pour la plus ample défense de la mémoire dudit feû sieur de Lally son pere ; ordonner que lesdites piéces seront montrées à M. le Procureur-Général, & jointes à la Procédure, pour en jugeant y avoir tel égard que de raison ; en marge est l'Arrêt du même jour, portant ait acte desdites demandes & conclusions, joint icelles au Procès, avec les trois liasses jointes à la présente Requête, pour en jugeant y avoir tel égard que de raison, & demeure assoupi au Greffe de la Cour le Discours imprimé dudit Trophime-Gerard de Lally Tolendal qu'il a prêté à la Cour en sa qualité de curateur à la mémoire de son pere, le 16 dudit mois d'Août, dans l'interrogatoire qui lui a été fait ; à la suite est la signification qui en a été faite au Procureur-Général le 18 dudit mois d'Août ; les lettres jointes à ladite Requête. Une

Requête préſentée à la Cour par le ſieur Jean - Georges , Vicomte de Fumel, le 14 audit mois d'Août , par laquelle il auroit conclu à ce qu'il plût à la Cour lui donner acte des concluſions qu'il prenoit , tendantes à ce que procédant au jugement du Procès du Comte de Lally ; il fût renvoyé de toutes accuſations ; au ſurplus recevoir ladite Requête au Procès , ordonner qu'elle ſeroit ſignifiée à M. le Procureur-Général du Roi, pour en jugeant y avoir tel égard que de raiſon ; en marge eſt l'Arrêt du même jour , portant ait acte des demandes & concluſions contenues en la préſente Requête , joint icelles au procès criminel , pour en jugeant y avoir tel égard que de raiſon ; à la ſuite eſt la ſignification qui en a été faite au Procureur-Général le 14 dudit mois d'Août par Perdrizet. Autre Requête préſentée à la Cour de la part de Jean-Ferdinand Rochette, le 18 dudit mois d'Août , par laquelle il auroit conclu à ce qu'il plût à la Cour le renvoyer de l'accuſation portée contre lui ; ordonner que l'écrou de ſa perſonne ſera rayé & biffé ſur tous regiſtres de Géole, ſur leſquels il pourroit avoir été inſcrit, & ce par le premier Huiſſier requis, lequel feroit mention en marge d'iceux, de l'Arrêt qui interviendra ; auquel effet ordonner à tous Concierges ou Géoliers de lui faire la repréſentation deſdits écroux, à la ſignification de l'Arrêt qui interviendra, & ce ſous telles peines qu'ils aient ſujet d'obéir ; permettre au Suppliant de faire imprimer & afficher l'Arrêt qui interviendra, tant dans le Royaume que dans les Indes ; joindre leſdites demandes & concluſions au Procès principal, ordonner qu'elles ſeront montrées à M. le Procureur-Général , & miſes au ſac pour en jugeant y avoir tel égard que de raiſon ; en marge eſt l'Arrêt du même jour, portant ait acte des demandes & concluſions , joint icelles aux Procédures criminelles, pour en jugeant y avoir tel égard que de raiſon ; à la ſuite eſt la ſignification qui en a été faite à M. le Procureur-Général le 18 dudit mois d'Août, par Nectoux. La préſentation faite au Greffe de la Cour le 16 dudit mois d'Août , de la part dudit ſieur de Chaponay, par le miniſtere de Mᵉ Derepas ſon Procureur. Une Requête préſentée à la Cour de la part dudit ſieur de Chaponay, ledit jour 16 Août , par laquelle il auroit conclu à ce qu'il plût à la Cour lui donner acte des concluſions qu'il prenoit à ce qu'il fût renvoyé de l'accuſation , ſauf toutes autres demandes & concluſions , & ſous toutes réſerves de droit ; au ſurplus recevoir au Procès les piéces ci-après : 1° Une lettre du ſieur de Lally , datée de Beaufort, du 21 Septembre 1758. 2° Une autre lettre du ſieur du Val de Leyrit, datée de Pondichéry, du 10 du même mois. 3° Une autre du ſieur de Leriveux , datée de Vandachy, du 29 du même mois. 4° Une autre du ſieur de Lally , datée de Cangivaron, du 29 Novembre ſuivant. 5° Une autre du ſieur du Val de Leyrit, datée de Pondichéry , du 23 du mois de Décembre. 6° Une autre lettre du ſieur de Mandave , datée d'Alamparis , du 27 dudit mois de Décembre. 7° Une lettre du ſieur du Val de Leyrit, datée de Pondichéry , du 30 du même mois. 8° Une autre lettre du même , datée du même lieu , du 18 Janvier 1759. 9° Une autre lettre du ſieur de Leyrit , datée de Pondichéry , du 23 du même mois. 10° Une autre lettre du même ſieur de Leyrit , toujours de Pondichéry, du 19 Février ſuivant. 11° Une autre lettre du même & du même lieu , du 25 dudit mois. 12° Une autre lettre dudit ſieur de Leyrit, du 10 Mars ſuivant. 13° Une autre lettre dudit ſieur de Leyrit, du 18 du même mois. 14° Une autre lettre dudit ſieur de Leyrit, du 12 Mai ſuivant. 15° Et enfin une autre lettre toujours dudit ſieur de Leyrit, du 26 dudit mois de Mai ; toutes leſdites lettres adreſſées au Suppliant, en qualité de Commandant à Gingy. 16° Une autre lettre du Général Cohot , datée du Quartier Général d'Oulgaray, du 22 Septembre 1760, contenant échange du Suppliant contre le ſieur Has Lorved, a laquelle eſt jointe la verſion de ladite lettre, par l'Abbé Defrançois, Interprête du Roi. 17° L'Imprimé du Suppliant, à la ſuite duquel eſt une Conſultation de Mᵉ Aubry , délibéré à Paris le 29 Décembre 1778. 18° Autre Mémoire imprimé du Suppliant , intitulé : Addition , à la ſuite duquel eſt une Conſultation de l'Avocat Mᵉ Arnoult, délibéré à Dijon le 14 dudit mois d'Août : ordonner que le tout ſera montré à M. le Procureur-Général , & mis au ſac, pour , en jugeant , y avoir tel égard que de raiſon ; en marge eſt l'Arrêt du même jour , portant , ait acte des demandes & concluſions contenues en ladite Requête , joint icelle au procès criminel avec les piéces y énoncées, pour en jugeant y avoir tel égard que de raiſon ; à la ſuite de ladite Requête , ainſi que des Mémoires imprimés , eſt la ſignification qui en a été faite à M. le Procureur - Général , le 16 Août 1783 , par Beudot , Huiſſier ; les piéces.

énoncées & jointes à ladite Requête. Autre Requête préfentée à la Cour, de la part dudit fieur de Chaponay, le 19 dudit mois d'Août, tendante à ce qu'il plût à la Cour lui donner acte des nouvelles conclufions qu'il prenoit, en rectifiant & amplifiant celles par lui prifes, à ce qu'il foit renvoyé de l'accufation, en conféquence ordonner que les écroux faits de fa perfonne feront rayés & biffés fur les regiftres des différentes Géoles où ils fe trouvent, & que l'Arrêt à intervenir feroit enregiftré en marge defd. écroux, dont procès-verbal feroit dreffé ; ordonner que ledit Arrêt feroit imprimé & affiché par-tout où befoin feroit, & ce tant en France que dans les Colonies ; recevoir la préfente au Procès ; ordonner qu'elle feroit montrée à M. le Procureur-Général, & mife au fac, pour en jugeant y avoir tel égard que de raifon ; en marge eft l'Arrêt du même jour, portant, ait acte des demandes & conclufions, joint icelles au Procès, pour, en jugeant, y avoir tel égard que de raifon ; à la fuite eft la fignification qui en a été faite au Procureur-Général, le 19 dudit mois d'Août, par Perdrizet. Autre Requête préfentée à la Cour de la part de Luc Allen de St.-Wolfton, le 18 dudit mois d'Août, par laquelle il auroit conclu, à ce qu'il plût à la Cour le renvoyer de l'accufation portée contre lui, ordonner que l'écrou de fa perfonne feroit rayé & biffé fur tous les regiftres fur lefquels il a été infcrit, par le premier Huiffier requis, lequel feroit mention en marge de l'Arrêt à intervenir, auquel effet tous Concierges ou Géoliers feroient tenus de repréfenter leurs regiftres à la fignification de l'Arrêt qui interviendra, & ce fous telles peines qu'ils aient fujet d'obéir, permettre au Suppliant de faire publier & afficher l'Arrêt qui interviendra par tout le Royaume & dans l'Inde, fauf & fous les réferves de prendre par la fuite telles autres conclufions, changer & rectifier celles ci-deffus, s'il y échet, ce qu'il fe réferve très-expreffement ; joindre lefdites demandes & conclufions au Procès, les y recevoir avec la préfente, enfemble les piéces y jointes, au nombre de huit cotes, qui font les lettres adreffées au Suppliant par différens particuliers, lefquelles fervent à atténuer les accufations portées contre lui, enfemble le Mémoire imprimé joint à ladite Requête en cinquante pages, foufcrit par le fuppliant ; ordonner que tant ledit mémoire que ladite requête feroient fignifiés à M. le Procureur Général, & le tout mis au fac, pour en jugeant y avoir tel égard que de raifon ; en marge eft l'Arrêt du même jour, portant ait acte defdites demandes & conclufions, joint icelles au procès avec les piéces jointes, pour en jugeant y avoir tel égard que de raifon ; à la fuite de laquelle requête, ainfi que du mémoire imprimé eft la fignification qui en a été faite à M. le Procureur-Général le 18 dudit mois d'Août par Grenot, Huiffier, les piéces énoncées & jointes à ladite requête. Autre requête préfentée à la Cour de la part dudit fieur de Gadeville le 18 dudit mois d'Août, par laquelle il auroit conclu à ce qu'il plût à ladite Cour le renvoyer de l'accufation portée contre lui ; ordonner que l'écrou de fa perfonne feroit rayé & biffé fur tous regiftres de géoles fur lefquels il pourroit avoir été infcrit, & ce par le premier Huiffier requis, lequel feroit mention en marge d'iceux de l'Arrêt à intervenir ; auquel effet ordonner à tous concierges ou geoliers de lui faire la repréfentation defdits écroux à la fignification de l'arrêt qui interviendra, & ce fous telles peines qu'ils aient fujet d'obéir, permettre au fupplant de faire imprimer & afficher l'Arrêt qui interviendra, tant dans le Royaume que dans les Indes, joindre lefdites demandes & conclufions au procès principal, recevoir audit procès le précis imprimé en trente-deux pages, enfemble le certificat du fieur Terot, du 5 Octobre 1779, le tout joint à ladite requête ; ordonner que ledit précis, enfemble ladite requête, feroient montrés à M. le Procureur-Général, & mis au fac, pour en jugeant y avoir tel égard que de raifon ; en marge eft l'Arrêt du même jour, portant ait acte des demandes & conclufions contenues en la préfente requête, joint icelle au procès avec lefdites piéces, pour en jugeant y avoir tel égard que de raifon ; à la fuite de laquelle requête & du mémoire imprimé eft la fignification qui en a été faite au Procureur-Général ledit jour 18 Août par Grenot, le certificat énoncé & joint à ladite requête ; autre requête préfentée à la Cour de la part dudit fieur de Pouilly le 18 dudit mois d'Août, par lequel il auroit conclu à ce qu'il plût à ladite Cour le renvoyer de l'accufation portée contre lui ; en conféquence ordonner que l'écrou de fa perfonne fera rayé & biffé fur tous les regiftres de géoles où il pourroit avoir été infcrit, & ce par le premier Huiffier requis, lequel feroit mention en marge d'iceux de l'Arrêt à intervenir ; auquel effet ordonner à tous concierges & géoliers de

lui faire la repréſentation deſdits écroux à la ſignification du ſuſdit Arrêt , & ce ſous
telles peines qu'ils aient ſujet d'obéir ; permettre au ſuppliant de faire imprimer &
afficher l'Arrêt qui interviendra, tant dans le Royaume que dans les Indes, joindre
leſdites demandes & concluſions au procès principal, ordonner qu'elles ſeroient montrées à M. le Procureur-Général, & jointes au ſac, pour en jugeant y avoir tel égard
que de raiſon ; au ſurplus recevoir au procès les pièces jointes à ladite requête en
trois liaſſes, cotées & ſignées ſur le dos d'icelles par Cheveriennot, Procureur dudit
ſieur de Poully , leſquelles pièces ſervent à atténuer les accuſations portées contre lui ; en
marge de laquelle requête eſt l'Arrêt du même jour portant acte deſdites demandes
& concluſions, joint icelles aux procédures criminelles, avec les pièces jointes, pour
en jugeant y avoir tel égard que de raiſon ; à la ſuite eſt la ſignification qui en été
faite à M. le Procureur-Général ledit jour 18 Mai, les pièces jointes à ladite requête.
Autre requête préſentée à la Cour de la part dudit ſieur de Poully le 19 dudit mois
d'Août , tendante à faire recevoir au procès la lettre à lui écrite par le Comte de
Lally-Tolendal le 23 Janvier 1778, laquelle eſt jointe à ſadite requête ; ordonner qu'i-
celle ſera montrée à M. le Procureur-Général, & miſe au ſac, pour en jugeant y avoir
tel égard que de raiſon ; en marge eſt l'Arrêt du même jour, portant reçues jointes au
procès, pour en jugeant y avoir tel égard que de raiſon ; à la ſuite eſt la ſignification
qui en a été faite au Procureur-Général du Roi ledit jour 19 Août 1783, par Perdrizet,
Huiſſier. Autre requête préſentée à la Cour dudit ſieur Armand Antonin-François Fretard de Gadeville le 21 dudit mois d'Août , tendante à faire recevoir au procès une
reconnoiſſance du Tréſorier général de la Compagnie, datée du 18 Décembre 1759,
de laquelle il réſulte qu'au moment où la Compagnie manquoit de fonds pour la
ſubſiſtance de l'Armée , il lui a prêté ſans intérets & ſans terme une ſomme de 3070
roupies, ordonner qu'elle ſeroit montrée à M. le Procureur-Général, enſuite miſe au
au ſac, pour en jugeant y avoir tel égard que de raiſon , en marge eſt l'Arrêt du
même jour, portant acte & joint au procès, pour en jugeant y avoir tel égard que de
raiſon , à la ſuite de laquelle requête eſt la ſignification qui en a été faite à M. le
Procureur-Général du Roi le 21 Août 1783 par Moret, Huiſſier ; la reconnoiſſance
énoncée en ladite requête , & jointe à icelle. Autre requête préſentée à la Cour de
la part dudit Trophime-Gerard de Lally-Tolendal ledit jour 21 Août , par laquelle il
a droit conclu à ce qu'il plût à ladite Cour, pour juſtifier de plus en plus la mémoire dudit feu
Comte de Lally ſon pere, recevoir au Procès la copie certifiée par la demoiſelle Dillon ,
d'un billet à elle écrit par ledit feu Comte de Lally dans ſes derniers momens ; l'extrait
collationné par Gens, Petreau & ſon confrere, Notaires au Chatelet de Paris , d'un
autre écrit dudit feu Comte de Lally, ſigné par lui depuis ſa condamnation. La déclaration donnée par le Vicomte de Mauide , Brigadier d'infanterie , le 7 Août 1783 ,
conforme à celles données par d'autres Officiers Généraux & particuliers déjà produites
au procès, eſpérant que la Cour voudra bien s'occuper de l'examen de ces pièces ,
& en tirer les inductions qu'elles préſentent ; que les Ordonnances de nos Rois ,
ni les Loix ſuivies dans le Royaume n'établiſſoient de fins de non-recevoir contre les
preuves de l'innocence , que le moment où elles ſont produites eſt plus précieux à la
Juſtice que celui qui lui fournit la preuve du crime , & quelque ſoit l'état du procès,
les Magiſtrats s'empreſſent de les accueillir ; ordonner en conſéquence que ladite requête & les pièces y énoncées jointes, ſeront montrées à M. le Procureur-Général du
Roi , enſuite miſes au ſac, pour en jugeant y avoir tel égard que de raiſon ; en marge
eſt l'Arrêt du même jour, portant acte, joint aux procédures criminelles, pour en jugeant y avoir tel égard que de raiſon , à la ſuite eſt la ſignification qui en a été faite
à M. le Procureur-Général du Roi ledit jour 21 Août 1783 , par Moret, Huiſſier ;
les pièces jointes & énoncées en ladite requête. Les Lettres-Patentes du Roi données
à Verſailles le 16 du mois de Juillet 1783 , qui autoriſent la Cour à continuer ſes
ſéances pour la réviſion du procès du ſieur Thomas-Arthur de Lally-Tolendal, Lieutenant-Général des Armées du Roi, & autres accuſés, même après le jour de la Fête
de l'Aſſomption, 15 du préſent mois d'Août, pour continuer la viſitation & procéder
à l'entier Jugement dudit procès criminel, juſqu'au 24 dudit mois d'Août incluſive-
ment ; leſdites Lettres-Patentes adreſſantes à la Cour, ſignées Louis , & ſcellés du
grand ſceau en cire jaune. L'extrait de l'Arrêt rendu à la Cour le 14 Août 1783 , en-

fuite des conclufions du Procureur-Général, par lequel la Cour, la Grand'Chambre affemblée, a ordonné & ordonne que lefdites Lettres-Patentes feront enregiftrées au Greffe de la Cour pour être exécutées felon leur forme & teneur; conclufions du Procureur-Général du Roi, & après que ledit fieur Trophime-Gérard Tolendal, en qualité de curateur commis à la mémoire dudit fieur Thomas Arthur de Lally fon pere, lefdits fieurs Armand-Antonin-François Fretard de Gadeville, Jacques de Poully, Jacques-Hugues de Chaponnay, Luc Allen & Jean-Ferdinand Rochette ont été mandés en la Chambre du Confeil de la Grand'Chambre affemblée, où étant debout & découverts derriere le Bureau, ont répondu aux interrogatoires d'office qui leur ont été faits; enfuite lefdits de Gadeville, de Chaponnay, Poully, Rochette & Allen, réintegrés ès prifons de la Conciergerie du Palais, & après que lefdits Meager, Freinch, Ramalingha, Deferre, deux quidams Officiers au Régiment de Lorraine, Noronha, Harpy, Jacquelot, Foiffier, Defchaux & Derard de Chamboy, ont été proclamés de l'Ordonnance de la Cour par l'Huiffier Chapuis, lequel a dit qu'aucun n'avoit paru; & oui le rapport de notre amé & féal Vivant-Mathias-Léonard-Raphael Villedieu de Torcy, Confeiller Commiffaire de cette part.

NOTREDITE COUR, la Grand'Chambre affemblée, fans s'arrêter aux demandes, fins & conclufions prifes par Trophime-Gérard de Lally-Tolendal, qualité qu'il agit; a déclaré & déclare Thomas Arthur de Lally duement atteint & convaincu de n'avoir pas fuivi fes inftructions; d'abus d'autorité; d'avoir, par des difcours outrageans•, manifefté fa haine contre le Confeil & les Habitans de la Ville de Pondichéry; d'avoir exercé plufieurs vexations, tant contre les Membres dudit Confeil, que contre les Habitans blancs & noirs de la Colonie; d'avoir tenu des propos propres à infpirer le découragement; d'avoir négligé de pourvoir à l'approvifionnement de ladite Ville; d'avoir, dans le temps même où elle étoit dans un befoin preffant, commis l'ufure, en exigeant de la Compagnie des Indes, fous le nom d'une perfonne interpofée, des intérêts à trente pour cent; d'avoir, par fa capitulation particuliere, abandonné & facrifié les intérêts des Habitans de Pondichéry & de toute la Colonie, & par là, & autres faits mentionnés au Procès, d'avoir accéléré la perte defdites Ville & Colonie : Pour réparation de quoi, & autres cas réfultans des procédures, a condamné & condamne la mémoire dudit Thomas Arthur de Lally.

Déclare fes biens fitués en pays où confifcation a lieu, acquis & confifqués au profit de qui il appartiendra.

En ce qui concerne Jofeph-François Deferre, ordonne que ledit Deferre fe retirera pardevers le Roi, pour fe pourvoir de Lettres de rémiffion, fi jà n'a été fait.

En ce qui concerne Armand Antonin-François Fretard de Gadeville, a mis & met ledit Fretard de Gadeville hors de Cour.

Ordonne qu'il fera élargi & mis hors des prifons de la Conciergerie; quoi faifant, le Concierge defdites prifons déchargé.

En ce qui concerne Jacques-Hugues de Chaponav, Jacques de Poully, Luc Allen & Jean-Ferdinand Rochette; ayant égard aux demandes, fins & conclufions prifes dans leurs requêtes, les renvoie des accufations contre eux intentées : ordonne que lefdits de Chaponnay, de Pouilly, Allen & Rochette, feront élargis & mis hors des prifons de la Conciergerie; que les écroux faits de leurs perfonnes, feront rayés & biffés fur tous regiftres où ils font infcrits, & ce par le premier Huiffier requis, lequel fera mention en marge d'iceux du préfent Arrêt; auquel effet, tous Concierges & Géoliers feront tenus de repréfenter leurs regiftres, à quoi faire contraints, même par corps; quoi faifant déchargés.

Permet auxdits de Chaponay, de Poully, Allen & Rochette, de faire imprimer & afficher le préfent Arrêt par-tout où befoin fera.

En ce qui concerne Noronha, le Frere French, Ramalinga, Hurpy, Jacquelot & les deux quidams Lieutenans au Régiment de Lorraine, met iceux hors de Cour.

Renvoie Guillaume Meagher, Jean Defchaux & Charles Foiffier, des accufations contre eux intentées; ordonne que les écroux faits de leurs perfonnes feront rayés & biffés de tous regiftres où ils font infcrits, fi jà n'a été fait, à quoi faire tous Concierges & Geoliers contraints par corps; quoi faifant déchargés.

Renvoie Auguftin-Antoine Derard de Chamboy, de toutes accufations.

En ce qui concerne Jean-Georges de Fumel, ayant égard aux demandes, fins & conclufions prifes dans fa requête, renvoie ledit de Fumel de toutes accufations.

Décharge la mémoire d'Anne-Antoine d'Aché, ainfi que celle de Charles-François de Bazin, de toutes accufations contre eux intentées.

Prononçant fur les plus amples requifitions de notre Procureur - Général, ordonne que les Mémoires imprimés & fignifiés à notredit Procureur-Général au Parlement de Paris, de la part de Thomas - Arthur de Lally, & joints à fa Requête d'atténuation, feront fupprimés, comme contenant des faits faux & calomnieux; ordonne à toutes perfonnes qui ont en leur puiffance des exemplaires defdits Mémoires, de les apporter au Greffe de la Cour, pour y être pareillement fupprimés.

Ordonne que le Mémoire prétendu produit à notre Confeil, imprimé à Rouen en 1779, chez la veuve Befongne & fils, fignifié à notredit Procureur-Général de la part de Trophime-Gerard de Lally Tolendal, qualité qu'il agit, ledit Mémoire divifé en trois parties, dont la premiere contient trois-cents quarante-trois pages, commençant par ces mots: *La Caufe d'un infortuné*, & finiffant par ceux-ci: *Comme mon pere innocent l'a été*; la feconde partie contenant quatre-cents vingt-deux pages, commençant par ces mots: *Le fléau le plus terrible*, & finiffant par ceux-ci: *Etre bien jugé*; la troifieme partie, contenant 96 pages, commençant par ces mots: *S'il étoit une Loi*, & finiffant par ceux-ci: *A abufer des autres*; fera lacéré & brûlé par l'Exécuteur de la Haute-Juftice, au-devant de la principale porte du Palais, comme contenant des faits calomnieux, faux dans leur fubftance, dans leur énoncé, & dans les circonftances, contraires au refpect

dû à la Magiſtrature, en outre calomnieux & injurieux à la mémoire & aux
perſonnes d'un grand nombre de bon & fidéles de nos Serviteurs de tout rang
& état.

Fait très - expreſſes inhibitions & défenſes à tous Libraires, Imprimeurs,
Colporteurs & autres, d'imprimer, vendre, débiter ou autrement diſtribuer,
en quelque maniere que ce puiſſe être, ledit Mémoire, à peine de punition
corporelle ; enjoint à tous ceux qui en ont des exemplaires, de les apporter
& remettre inceſſamment au Greffe de notredite Cour, pour y être ſupprimés.

Prononçant ſur l'Intervention de Jacques du Val d'Eprémeſnil, ainſi que ſur
ſes demandes, fins & concluſions jointes au Procès ; en lui donnant acte de
ſon département de l'Inventaire de production par lui remis au Greffe criminel
de notredite Cour le 27 Juin dernier, déclare ledit Inventaire de production
comme non avenu : ordonne que les Mémoires joints à la Requête dudit du
Val d'Eprémeſnil, autres que ceux ſur leſquels il a déjà été prononcé, de-
meurent ſupprimés, comme faux & calomnieux, en ce qui touche la mémoire
de Georges du Val de Leyrit.

Condamne ledit Lally Tolendal, qualité qu'il agit, aux dépens de ladite
Intervention.

Permet audit du Val d'Eprémenil de faire imprimer & afficher le préſent
Arrêt par - tout où beſoin ſera, aux frais & dépens dudit Lally Tolendal,
ſuſdite qualité, juſqu'à concurrence de cinq-cents exemplaires.

Et ſur toutes plus amples demandes, fins & concluſions des Parties, a mis
& met icelles hors de Cour.

Prononçant ſur les plus amples réquiſitions de notredit Procureur-Général,
ordonne que les huit Piéces de Procédure produites par ledit de Poully, ſous
cote trois de ſa production, en ſeront tirées, & que leſdites huit Piéces
ſeront aſſoupies au Greffe de la Cour, & jointes à la Procédure criminelle.

Ordonne qu'à la diligence de notredit Procureur-Géneral, le préſent Arrêt
ſera imprimé & affiché par-tout où beſoin ſera. Si mandons au premier notre
Huiſſier ou Sergent ſur ce requis, faire pour l'exécution du préſent Arrêt, à
la Requête de notre amé & féal Jacques du Val d'Eprémeſnil, tous Exploits
de Juſtice requis & néceſſaires, d'en certifier ; de ce faire te donnons pouvoir :
Car tel eſt notre plaiſir. Donné en Parlement à Dijon, la Grande - Chambre
aſſemblée, le 23 Août, l'an de grâce 1783, & de notre régne le dixiéme.

Enſuite eſt écrit : En exécution de l'Arrêt ci - deſſus, j'ai mis en liberté les
ſieurs Armand - Antonin - François Fretard de Gadeville, Jacques - Hugues de
Chaponay, Jacques - Hugues de Poully, Luc Allen & Ferdinand Rochette,
après leur en avoir fait lecture, pour qu'ils n'en ignorent. A Dijon, le 23
Août 1783.

Signé, DAUBRIVE.

Je souffigné certifie qu'en exécution de l'Arrêt ci-deffus, ledit Mémoire en trois parties, a été brûlé par l'Exécuteur de la Haute-Juftice de cette Ville, fur le perron du Palais dudit Dijon, cejourd'hui 23 Août 1783. *Signé*, POPELARD puîné. *Collationné, figné*, POPELARD puîné. *Collationné, figné*, GARNIER. *Par la Cour*, LIGERET.

Duement fcellé le 13 Septembre 1783.

De l'Imprimerie d'AUG.-MART. LOTTIN l'aîné, Imprimeur-Libraire du ROI, & Ordinaire de la VILLE, rue S.-Jacques; 1783.